生きづらいあなたへ
カウンセラーからの
伝言
「自分」とは何か
Takagaki Chuichiro
高垣忠一郎
新日本出版社

目次

はじめに

二〇二二年の暮れくらいから、とても体調が悪かった時期がありました。たくさんの方、仲間の方たちが心配してくださいました。今は元気です。

わたしは、五〇代半ばの頃、前立腺癌《がん》を患いまして、その時に考えたことを、『癌を抱えてガンガーへ』（三学出版）という本に書きました。ガンガーというのはインドを流れているガンジス河のことです。癌ができ、そのことにおののきながらいろいろと思考し、治療をしながらインドへ旅をしました。その経緯の中でわたしが、自分自身と向き合った記録です。

前立腺癌があることがわかって、すぐにでも手術しようという勢いのドクターに対して、わたしは、「これは、あんたの癌じゃないよ、おれの癌だよ」「なんで五〇代半ばのこの体に、前立腺癌ができたのか、その意味を考えたいんですよ」と言って癌を抱えたままインドに行って瞑想にふけったのです。

その本のサブタイトルは「性と死の不安と向き合う」というもので、性と死の問題についてリアルに書きました。私の本の中で、わたしは、この本がいちばんおもしろい本だと思っています。

つまりその時も、わたしは自分に向き合ったわけです。今回、それをもう少し広げて、最近の若い人たちの生きづらさや、あるいはわたし自身のこれまでのことなども少し振り返りながら、「自分」というものについて考えてみたいと思います。

心理臨床家、カウンセラーとしてのわたしの言いたいことは次のことに尽きます。つまり、「常に、自分を大切にし、自分に向き合って、人間本来のペースでじっくりと成長・発達することが、人間にとってはいちばん大切だということ」。そうした営みの土台に置かれるべきものが、「自分が自分であって大丈夫」という自己肯定感です。

最近は、自己肯定感をいろんな意味で使う人もいますし、それについて、これまで出した本の中でも、しばしばふれてきましたけれども、わたしの提唱するのは、文部科学省や少なくない論者が使う「自己肯定感」とは違う意味の、本当の自己肯定感です。先ほど述べたように「自分が自分であって大丈夫」「自分は、このあるがままの自分でいい」ととらえる自己肯定感です。これは大変に大事なことで、ここ数十年の間に、わたしがカウンセリングを通して、痛切に感じてきた問題――若い人の生きづらさ――にどう向き合うかという点でも、このような意味での自己肯定感を育めるかどうかが本質的な課題になっていると思います。

そのあたりの問題にもふれながら、まずは、子どもや若者の生きづらさと自己肯定感について考えることから始めていきたいと思います。わたしがこれまで出会ってきた多くの子どもやおとなのカウンセリング経験と、その中で私が人間について学び考えてきたことをもとに、いま思うことをお話しします。

そしてその上に立って、この本では「自分とは何か」ということについても考えてみたいのです。自分とは何か――みなさん、どう思っているでしょうか。そんなことを日常的に考える人は少ないかもしれません。しかし、つらい時、苦しい時、自分はなぜこんなに苦しいのか、自分の何がいけないのか……などと考えることがあると思います。「ストレスの多い現代社会」などといわれますし、そのストレスがつらさ、苦しさ、生きづらさの理由であるともいわれます。しかし、その社会をつくっている一人が自分です。生きづらさに向き合う時、生きづらさを乗りこえたい時、そう感じている自分とは何なのかということは考えざるを得ないでしょう。この本を手にとってくださるあなたが、「あるがままの自分で大丈夫なのだ」という感覚と出会い、自分自身と向き合って、自分の人生を生きてくださることを願っています。

第1章

「あるがままの自分でいて大丈夫」と思える時

1　評価ではなく愛でふくらむもの、自己肯定感

「はじめに」で、自己肯定感とは「自分が自分であって大丈夫」という捉え方のことだと言いました。こういうものを私が提唱することになったのは、わたしがカウンセリングの中で出会ってきた、登校拒否の子ども、あるいはひきこもる人、その家族の言葉を聴いて考えてきたことと関係があります。

数多くのそうしたクライエント（カウンセリングを受ける人）の話を聴くうち、学校に行けなかったり人と会いたくなかったりする子どもたちが、共通して、周囲の友人・知人やおとなから、「おまえはダメな人間だ」というメッセージを受けとっていること、「いまの自分はダメな人間だ」と自分の存在そのものを否定する気持ちを持っていることがわかってきました。登校拒否の子どもたちの中には、「みんなあたりまえに学校に行っているのに、わたしだけ行けない。情けない」「お父さん、お母さん

の期待を裏切って申し訳ない」「こんなわたしは死んだ方がましだ」などと言う子もいたのです。

そんな子が元気になって――学校に行ったり他人と交わったりするようになるかどうかはともかく――「生きていく気になる」よう、わたしは手伝ってきたのです。そんな長い年月の心理臨床の現場での経験から、私が大切だと思ってきたのが、「自分が自分であって大丈夫」という自己肯定感でした。

この自己肯定感は、評価をすること、ほめたりすることで高めたりするようなものではありません。愛の息吹を子どもの心に吹き込んで、ふくらますものです。

この話をするとき、しばしば、まど・みちおさんの「ぞうさん」の歌を引用します。

ぞうさん　ぞうさん　おはなが　ながいのね　そうよ　かあさんも　ながいのよ

ぞうさん　ぞうさん　だれが　すきなの　あのね　かあさんが　すきなのよ

「とうさん」が出てこないのがちょっと残念ですけれども、かあさんが大好きなんですね。やはり哺乳類《ほにゅうるい》はお母さんとの結びつきが強いのです。おっぱいをくれるお母さんが大好きなのは自然なことです。このぞうさんは、かあさんに愛されているんだろうと思います。このぞうさんの子は、かあさんが好き、そして自分も好きです。おはながながいのね、と言われてうれしそうに、「そうよ、かあさんも」と答える。わたしはそれが本当にうれしいの、という気持ちが伝わってきますね。非常にシンプルな詩ですけれど、自己肯定感に溢《あふ》れていると感じます。

人間は、赤ちゃんのおむつやおしめを替えてあげる時がありますね。わたしも、息子や娘が小さかった時に、おしめを替えてやりました。その時に自然と声がけをしていたのを覚えています。「あ、おしっこしたか、つめたいな、よし、よし、いまおしめかえてあげるからね、よし、よし」「うんちしたか、きもちわるいな、よし、よし、いまおしめかえてやるからな」。

このように、小さい子、赤ちゃんに対して、多くの人が「よし、よし」と声かけをすると思います。この「よし、よし」は、「評価」ではありません。「あんたはおしっこやうんちができて立派な子どもだね」と「評価」して言っているのではないのです。

この「よし、よし」は、「わかったよ」の「よし、よし」であり、「大丈夫だよ、いいんだよ」という「よし、よし」ですね。共感と赦《ゆる》しの「よし、よし」です。なかなかうんちが出なくて、真っ赤な顔してがんばっている赤ん坊の顔を見ながら、「がんばれ、がんばれ」と祈るような思いになって、そしてやっとうんちが出た時には、心から、わが子、赤ん坊と一緒になって、「うんちが出てよかったねえ」と喜ぶ。そして「いつでもおしっこやうんちしていいんだよ。私が快適にしてあげるから大丈夫」と励ます。

つまり、共感と赦しです。私の提唱する自己肯定感は、そういう「よし、よし」を内面化して自分に向けたものといっていいでしょう。つまり、「自分が自分であって大丈夫なんだ」という意味での肯定です。そこにいる、生きているだけで周りから肯定される感覚、どんな生活をしてどんなふうに生きているかといった、何かの条件によって評価され肯定されるのではない、存在というレベルであるがままの自己が肯定されるものです。

ふれることの大切さ

そのような存在レベルでの自己肯定感を育むうえで大事なのは、ふれあいの持つ力です。「皮膚」を通して刷り込まれた感覚イメージ、「あたたかい」「心地よい」といった世界のイメージは、「いのち」のはたらきを活性化させ、他者から自分が愛されている、守られているという安心感を与えてくれます。私たちはそのようにできているのだと思います。

わたしなりの表現を使えば、これは、よく生きられるように「いのち」がわたしたちに贈ってくれた「生きる智慧《ちえ》」――知識という意味ではなくもっと根源的なもの――が、身体の中にしくまれているということです。それが順調にはたらくには、自然にあらわれる愛のある接し方が必要です。それは頭で考えて出てくるものではありません。皮膚にも、その「いのち」の「智慧」が埋め込まれています。誰かにふれられる感覚、「肌のふれ合い」が世代をこえて影響を及ぼすことは、研究で報告されています。人はたいてい軽くふれられるだけで他者に好意的な心理状態になるそうです――まあ、なかにはふれられたくない人もいますね。そういう子どももいますが――他人に軽くふれられるだけで、気分がよくなり気前もよくなるようです（傳田光洋『皮膚感覚と人間のこころ』新潮社、二〇一三年）。

「わたしにふれてください」という助産師の詩があります。これは助産師の世界会議（二〇〇一年秋、アメリカ）の会場で朗読されたものです。

もしもわたしがあなたの赤ちゃんなら　どうぞ、わたしにふれてください
今までわたしが知らなかったやさしさを　あなたからもらいたい
おふろにいれてください　おむつを替えてください　おっぱいをください
きゅっとだきしめてください　ほおにキスしてください
わたしの体を　あたためてください
あなたのやさしさとあなたのくれる快楽が
わたしに安心と愛をつたえてくれるのです
もしわたしがあなたのこどもなら　どうぞ、わたしにふれてください
いやがるかもしれないし、拒否するかもしれないけど、何度もそうしてください
わたしがどうしていやがるのかわかってほしいから
おやすみなさい、とだきしめるあなたの腕が　わたしの夜を甘くしてくれる
昼間にみせてくれるあなたのやさしさが　あなたの感じる真実を伝えてくれる（抄）

この詩が述べているのは、「人間は抱きしめられることによって、自分がこの世か

ら望まれた存在であることを確認できる。そして人間やこの世界に対する根本的な信頼感といったものは幼児期にふんだんに与えられるスキンシップによって育てられる」（アシュレー・モンタギュー『タッチング――親と子のふれあい』平凡社、一九七七年）ということです。

日本では、昔は欧米に比べ、親子のスキンシップの時間が長かったけれど、最近は短くなったようです。欧米では、個人として自立して、自分を主張できるようになることを重視するから、子どもの部屋を親から離して育てます。その分、スキンシップを大切にするようです。成人してからも、タッチやハグなどのスキンシップが頻繁にみられます。

近年のスキンシップの不足の中、子どもや若い人が攻撃性やいらだちを高め、人とふれ合うことの楽しさを知らず、人にふれることに不安を感じて他人との距離をとることが増えていることも指摘されています。たとえば、『「からだ」と「ことば」のレッスン』（講談社、一九九〇年）などで有名な演出家の竹内敏晴さんは、レッスンを始めた一九七〇年代は、からだのこわばっている一八～二〇歳の若者は一割もいなかったが、現代では若者のからだの多くがこわばっていると指摘しています――これはわたしもそう感じています。がちがちです。わたしの受ける印象では、「期待に応える」「いい子」が特にそういう傾向があると思います。

日本の子どもたちは他者とふれ合って遊ぶことが少なくなりました。わたしが子どもの頃、思い出すだけでも「すもう」や「Ｓケン」や「馬跳び」や「胴馬」や……ほかの子どもたちと身体の接触を伴う遊びが多くありました。そういう遊びによって、身体ごと、体感を通して相手を知り、相手とふれ合い、相手との関係の「具合」や「加減」や「呼吸」をはかることを体得していきました。それは、地域で、遊び集団、異年齢集団があったころの話ですけれども、今はそれがなくなってしまいました。学校が終われば塾や習い事に通う子が増え、また地域に子どもが遊べる場所も減ってしまったこと、スマホやパソコンの普及で、リアルに会わない人間関係が増えたことなども影響していると思います。

相手とぶつかり合いながら、人間関係の「具合」や、「加減」「呼吸」を身につけていくことができていないことで、身構えて身体を硬くして、他人から距離を置くようになっているのではないでしょうか。子どもがスポーツに親しむことはいいことですが、ただ、野球やサッカーやバスケットボールなど、身体接触がファウルになりがちなスポーツも多いですから、身体接触をともなう遊びというのは、子どもの成長にとって意外に大事なものなのだと感じます。

他人と身体ごとふれ合うことが少なくなったことで、接触を嫌い、外からやって来るものをとりこまず、自分の中にあるものを外に出さないように、常に身構えているように、わたしには今の子どもたちのことが見えてしかたないのです。身体は追い込まれ、表現力を失います。身体と心がこわばり、内外の自由な出入りができなくなっているのではないでしょうか。

大切な「ふれ合い」、これはイコール「ふれ愛」だとわたしは思います。スキンシップとは人に愛情をこめてふれることです。

人間は本能的にスキンシップを必要とする動物です。それが乏しい人が増えているのではないでしょうか。とくに男性がそうであるように感じます。孤独感やさみしさ、頼りなさを感じる時、何かにふれないと不安だし心許ない。犬や猫、ぬいぐるみにふれて孤独感やさみしさを癒《いや》す人もいます。悲しい時やつらい時には、人はだれかにふれてほしいものです。背中をやさしく撫《な》でてほしい、抱きしめてほしいと思うのは自然なことです。

スキンシップには、はたらきかける側とはたらきかけられる側とがあり、それは同時に成立しています。そこに「ふれる」という感覚の、他の感覚にない特徴がありますす。ふれる側とふれられる側が、「いま・ここ」の同時に実在するという「同時性」と「実在性」に、「ふれる」ことの特徴があるのです。「見る」「聞く」とは違って、「いま・ここ」で両者が同時に実在しないと成り立たない感覚なのです。そこから「腹で感じる」「皮膚感覚で捉える」という表現なども生まれたのでしょう。

だから「触感覚」は視覚や聴覚のあり方を基礎づける「根源的感覚」ともいわれます。身体でふれるだけがスキンシップではありません。心理的にふれる場合もスキンシップ（愛撫）の中に入れてもよいのではないでしょうか。「心にふれる」「心の琴線にふれる」という言葉もあります。

自己肯定感を抱きしめて生きる

ふれ合いの中ではたらく「触覚」は、主体と客体の間に距離がありません。だから相手を対象化する作用は弱いのです。相手を対象化するよりも、相手と一体化する作用の方が強いのです。

相手の身体にふれることは、同時に相手の身体からふれられる体験でもあります。相手の髪の柔らかさや肌のぬくもりの感触を感じることで、自分のこころの中に何かが伝わり、「ああ愛おしい」という気持ちが起こります。そういう肌と肌、心と心のふれ合う関係の中で生まれ育つのが、わたしの言う「自分が自分であって大丈夫」という自己肯定感なのです。

今の子どもたちは、おとなから一方的に「値踏み」されたり「評価」されたりすることが多いようですね。相手のよいところをほめたり、相手の持っている資質・能力を評価したりして「自己肯定感」を高めるという言い方がなされる背景には、感覚でいえば「視覚」優位のあり方が前面に出ているようにも思います。視覚、聴覚優位です。テレビもインターネットも、当然ながら画面から発する情報——視覚と聴覚のかたまりですが、そこにいる人やある物にふれることはできません。画面を見ている人は「美しい」「醜い」など視覚や聴覚から情報を得ることはでき、それによって対象を評価することはできます。「ああ、この人、皺《しわ》がないな」「この人、お肌の張りがいいな」「すごくきれいだな」という具合です。しかし、それは、現実に存在する人間や物、できごとを体感して得られるものとは、だいぶ距離があるでしょう。

わたしの提唱する「自分が自分であって大丈夫」という自己肯定感は、そんなふうに、「値踏み」「評価」するまなざしで見て得るものではありませんし、対象を操作して高めてやったりするものでもありません。相手をある種のモノサシで測って「高い」「低い」と評価するのではなく、「ふれ合い」によって確かめられるものといえばいいでしょうか。肌のふれ合いを通して、愛の息吹を吹き込み、「浮き輪」のようにふくらませる――わたしにはそんなイメージが思い浮かびます。自分も相手も、その自己肯定感という浮き輪を胸に抱きしめて生きていくのです。

2　いのちの実物は「いま・ここ」を生きている

先ほど、ふれることは「いま・ここ」でしかできないという意味のことを書きました。もう少し広げてみると、生きるということは、常に「いま・ここ」で起きていることなんです。いくつか、そのことを確認できる例を挙げてみましょう。

まず、不登校の小学校五年生の女の子が書いた詩を紹介します。

生きてるってことは　スゴイと思う　声が出て手があって足があって歩けて
心があってキモチがあって　けっきょくぜんぶムダじゃない
かなしいキモチになったり楽しいキモチになったり　生きてるって　スゴイと思う
音楽聞いたり字を書いたりしゃべったり　ねたりわらったり泣いたり…
ぜんぶムダじゃないと思う
ただ立ってるだけでも　すわってるだけでも　自分がいるってコトはスゴイと思う

それから次は、ある不登校の子どものお母さんの言葉で、一九九五年の阪神・淡路大震災を経験された後に聴いたものです。

あの大震災を経験して　大事なことに気づかされた　生きているだけで価値がある。わたしの子どもは学校には行っていない。でもわたしの目の前で生きていてくれる。そのことのありがたさ　かけがえのない値打ちに　気づかされた。

でも親って欲張りですね　生きていることをあたりまえに思っている。だから「あなたが生きていることが、どんなにありがたいか」を子どもに伝えることをわすれている。そして伝えていることは「勉強しなさい」「よい成績をとりなさい」「よい学校へいきなさい」ばかり、これでは先生のおっしゃる自己肯定感はふくらみませんね。

子どもは、過去や未来に、おとなほどとらわれません。生きものとして鮮度のよい子どものいのちは、「いま・ここ」を生きています。その「いま・ここ」を充実させることなしに、成長も発達も、生きることの幸せもありません。だから、子どものいのちを愛するということは、「いま・ここ」を大切にして、「いま・ここ」に寄り添うことです。おとなの頭の中にある過去や未来にこだわり、それを子どもに伝えることではありません。

先ほど、まど・みちおさんの詩を紹介しました。まどさんの詩はとても深みがあっておもしろいです。いま述べていることに関わって、さらにいくつか読んでほしいので紹介します。

うさぎ

うさぎに　うまれて　うれしい　うさぎ
はねても　はねても　はねても　はねても
うさぎで　なくなりゃしない
うさぎに　うまれて　うれしい　うさぎ
とんでも　とんでも　とんでも　とんでも
くさはら　なくなりゃしない

この「うさぎ」を「わたし」に替えて詩をつくってみたらどうなるかな、などと思います。次の詩はいかがでしょうか。

ナマコ

ナマコはだまっている
でも「ぼくナマコだよ」って　いってるみたい　ナマコの　かたちで

いっしょうけんめいに

この詩を読んで、自分を他人と比べたくなるでしょうか。「ああ、ぼくはぼくでいいんだ」「わたしはわたしで大丈夫」と思いませんか？　他人よりも役立つ、他人よりも優秀な、そんな「人材」にならないといけないなどと思う必要はないのだということを、まどさんがうたっているように、わたしには読めます。

この世に出回る「人材」には値札がついていて、それが高い方がよいとされるのです。社会で、会社で役に立つ「人材」として「生産性」を上げれば高い値札がつくので、誰しも「生産性の高い」人材になることを目指しているのが今の日本です。しかし、生産性の高い人材じゃないと、価値のない存在として否定され、見捨てられる、生きていけなくなるという不安に駆られて生きる人生が、はたして幸せな人生になるでしょうか。まどさんの詩を続けます。

リンゴ

リンゴを　ひとつ　ここに　おくと　リンゴの　この　大きさは　この　リンゴだけで　い

っぱいだ
リンゴがひとつ　ここにある　ほかには　なんにもない
ああ　ここで　あることと　ないことが　まぶしいように　ぴったりだ

この「リンゴ」の代わりに、「わが子」を置いてみてください。わが子は一人、ここにいる。この子は、ここにある以外は何もない、のです。

ぼくが　ここに
ぼくが　ここに　いるとき　ほかのどんなものも
ぼくにかさなって　ここにいることはできない
もしもゾウが　ここにいるならば　そのゾウだけ
マメがいるならば　その一つぶの　まめだけしか　ここにいることはできない
ああ　このちきゅうの　うえでは　こんなに　だいじに
まもられているのだ　どんなものが　どんなところに　いるときにも
その「いること」こそが　なににもまして　すばらしいこととして

物もそうですが、何より生きものは、生きて「いま・ここ」にいるのです。「何にもましてすばらしいこと」として。

わたしはこの詩を読むとき、カウンセリングをしている病院の面接室を連想します。わたしの前にクライエントが座ります。その時、その席はそのクライエントのための指定席です。他の誰も、その時間のその席に座ることはできません。宇宙にただ一人、そこにいらっしゃるのです。

わたしはそのクライエントの話に耳を傾けます。わたしの、カウンセラーとしての仕事も、「いま・ここ」が勝負です。「きょうは何を話されますか？」から始まりますが、筋書き通りにはいきません。いや、筋書きはないのです。何が出てくるかはわかりません。それに寄り添い、耳を傾けます。

わたしは、ただひたすらクライエントである子どもの話に耳を傾け、その気持ちに共感し、それを受容します。たとえば、「死にたい」という子どもの気持ちを受けとめて、「死にたいという気持ちになるほど、つらいのですね」と応答します。それは、つらく苦しむ子どもに対しては「あなたは〝死にたい〟気持ちになるほどに〝つらい〟と感じている。それがいまのあるがままのあなたです。そのように感じるあなたでいいのですよ」というメッセージになります。

相手を裁かないし批判もしません。そうやって受けとめる関係、共感的で受容的な関係のなかでクライエントが、「わたしはいま〝死にたいほどにつらい〟そのように感じる私であっても大丈夫なのですね」と感じる場合があるのです。

生きて存在しているということは、何よりも、何かを「感じながら」存在しているということです。感じなくなったら死んでいるのです。楽しいことであろうと、つらいことであろうとその感じていることを、しっかりと受けとめてもらえることは、自分の生命の存在そのものを、しっかりと受けとめてもらえるということです。

「いること」が「なににもましてすばらしい」という詩を、わたしはそういう自分のカウンセリングの様子をうたっているように感じるのです。

つらい気持ちの人が、「わたしは、このように感じ、このように生きている。それでつらい気持ちになった。だけど、そういう自分であって大丈夫なのだ」と思えるかどうか。それはごまかしのきかない問題ですし、「いま・ここ」にいる人間に正面から向き合うこと抜きに語ることのできない問題でしょう。

「生きている」ということは、その人が「いろんな気持ちや感情を感じる」ということです。思考や理論と違って、「何を感じているか」はその人固有のものでしょう。その人が生きて「いま・ここ」に存在しているということを大切にして寄り添うということは、その人が「いま・ここ」で感じている気持ちや感情に寄り添うということです。

それは、「この人がやがてこうなってほしい」「将来ああなってほしい」というわたしの思いに寄り添うことではありません。この人に元気になってほしいという願いがわたしの中にあったとしても、その自分の願いに寄り添うのではないのです。目の前にいる「この人」の気持ちや感情に寄り添うのです。心理臨床家も、そうやってクライエントの「いま・ここ」を大切にしています。

「いま・ここ」を大切にしてあげているか

子どもたちは「いま・ここ」を大切に生きることができているでしょうか。わたしたちおとなは、それを大切にしてやれているでしょうか。そうできていないといわざるを得ません。そのことを端的に示すような、悲しいできごとがありました。

二〇一八年三月二日、東京・目黒区で五歳だった船戸結愛《ゆあ》ちゃんが、親から虐待を受けて亡くなるというできごとがありました。衝撃的なできごとで大きく報じられましたから覚えておられる方も多いと思います。愛を結ぶという名前を持った結愛ちゃんが、非常に悲しい形で人生を終えなければならなかったこととともに、わたしの頭から離れないのは、結愛ちゃんがノートに書き残していた言葉です。

パパとママにいわれなくても　しっかりとじぶんからきょうよりかあしたはもっとできるようにするから　もうおねがい　ゆるして　ゆるしてください　おねがいします

もうほんとうにおなじことはしません　ゆるして　きのうぜんぜんできなかったこと　これまでまいにちやってきたことをなおす　これまでどんだけあほみたいにあそんだか　あそぶってあほみたいだから　やめるから　もうぜったいやらないからね　ぜったいやくそくします

亡くなった時の結愛ちゃんの体重は一二・二キロ（同年代の平均体重は約二〇キロ）

でした。彼女は毎朝四時ころに起床し、ひらがなの練習をさせられていたそうです。

結愛ちゃんがノートに書いたこの言葉は、本人が自分の思いで書いたのか、それともお父さんに書かされた言葉なのかはわかりません。当時三三歳のお父さんは、「しつけ代わり」に何度か結愛ちゃんを殴ったことがあると言っていたようですが、お父さんがこういう結果に至ることをした背景には、わたしが推測できないような、そのお父さん自身の生い立ちがあったのかもしれません。そういうことを考慮に入れたとしても、五歳の子が残した言葉に、私はいまの日本社会が抱えている深い問題を見ざるを得ないのです。

とくに、「きょうよりかあしたはもっとできるようにするから」という言葉が気になって仕方ないのです。今の子どもたちがどれだけ追い詰められているかを表しているような気がするからです。

これは五歳の子どもが自発的に考えたり発したりする言葉ではありません。今日よりも明日に自分の能力が改善するというような時間的展望を、五歳児はまだ持てないからです。明らかに、そう思うように強いられた中で残した言葉だと思われます。

わたしは日本各地の、教育、文化、子育て関連の会に招かれてお話をしに行きます。

そういう時、親へのアンケート調査がされたりしていて、「わが子についてどんなことが気になるか」というようなアンケートもあったりします。回答項目の中には、「将来について」とか「勉強について」とか「友だちについて」とかいろんな項目があって、多くの親御さんが、たいてい、「勉強」や「将来」や「友だち」などに○をつけたりしています。

ところがどんなアンケートを読んでも、「いまわが子がしあわせか」という項目はないのです。なぜないのでしょうか。私には、それこそ一番大事な項目なんじゃないかと思えます。親にとって一番気になること、それが子どもの「いま」ではなく、「将来」になっている。アンケートの回答項目からしてそうなってしまっているのです。「いま・ここ」を充実させることなしに、次は来ません。「あるがまま」に寄り添うということは、「いま・ここ」に寄り添うということです。たとえば、「あるがまま」は、一歳なら一歳、二歳なら二歳、三歳なら三歳の「あるがまま」に寄り添うことです。それを「早く、早く」と先を急がせる。そうなると、「あるがまま」は見えなくなり、「いま・ここ」のいのちの営みがわからなくなります。

わたしの昔からの口癖があります。「各駅停車で、成長・発達すること」を大事にすることです。各駅停車で成長・発達していくんだよと、じっくり待ってやることです。何かがいま「できない」のなら「できない」わけがあります。それは「なぜかな」と考えながら見守ってやることが大切です。

なぜ、いま多くの親が子どもと一緒に生きる「いま・ここ」を愛おしむことができないのでしょうか。「きょうよりもあしたはもっとできるようにするから」という結愛ちゃんの言葉を見て思います。いったい、何を何のためにできるようにするのでしょうか。ひらがなを書けるようになること？　小学校の頃から英語がペラペラになること？　コンピュータを自由自在に操ることができるようになること？

それは何のためですか？　売りもの・使いものになる資質・能力を備えた「人材」になるためですか？　人間として育つには、もっとほかに大事なことがあるのではないでしょうか。

子どもから遊びを取ったら何が残るのか

「どんだけ　あほみたいにあそんだか」「あそぶってあほみたいだから　やめるからもうぜったいぜったいやらないからね」。結愛ちゃんの言葉にわたしは涙が出ます。

こんなことを五歳の子どもに書かせる親や、今の社会や国に対して、心から怒りを覚えます。

子どもから遊びを取ったら何が残るのですか。「遊びをせむとや　生まれけむ　戯れせむとや生まれけむ　遊ぶ子供の声聞けば　我が身さへこそゆるがるれ」。これは後白河院の「梁塵秘抄《りょうじんひしょう》」に出てくる言葉です。人は遊びをするために生まれてきた。ふざけるために生まれてきた。遊びに熱中する子どもの声を聞けば、自分まで身体がゆすられ、うずうずしてくるという意味です。

子どもは遊びの中で育ちます。遊ぶことが「あほみたいなこと」だと教えられているとすれば、涙が出ます。「遊び呆ける」という言葉もあります。遊びに夢中になって、時間を忘れて遊ぶことで、子どもは「自分の時間の主人公」になることができました。

幼いころ、日が暮れるのも忘れて、わたしはトンボとりや「コマ鬼」をして遊びました。わたしが「ヤンマ取りのチュウ」と呼ばれていたこと、みなさんはご存知ないと思います。子どものわたしたちが「ラッポー」と呼んでいたギンヤンマをつかまえる、わたしは名人でした。ラッポーは体が緑色できれいな飛び方をするトンボです。

わたしはそれにほれ込みました。

ラッポーをとる装置、仕掛けは、糸の両端に小石を結びつけて、糸の真ん中と小石を持って、向こうからギンヤンマが飛んでくるのを野原で待つんです。ラッポー——縮めて「ラー」とも呼んでいました——が飛んでくると、「ほい、ラー」と掛け声をかけて仕掛けを投げるんです。ラーに愛をこめて投げ上げる。ラーは、その小さな石を虫と間違えてひゅーっと降りてきて、そこに上から糸がからまりつく。するとラッポーは羽を動かせず落ちてくるので、それをつかまえるんです。

昔はそういう原っぱがたくさんありましたから、わたしは夢中でヤンマをとりました。時間を忘れてヤンマ取りばかりしていたんです。これは自分の時間です。自分の時間を遊びの中で大事にしていたんです。

ラッポーを取っていると、子どもらがまわりに集まってきます。みんなほしそうにしてるんで、つかまえたオスはあげます。メスはあげずに、竿の先に糸でつないで、「ラッポー、ほえ～、ラッポー、ほえ～」って言っていると、そこにあほなオスが近寄ってくるんです。

遊び文化と子ども時代のおみやげ

そんな遊びがあったんです。夢中で遊んでいたわたしは、まさに自分の時間の主人公でした。別にヤンマ取りでなくてもいいのですが、そうした遊びで自分の時間の主人公になれたこと、そしてその中で、「子どもの遊び文化」があったことが、その後のわたしの人間形成に大きな意味を持ったと思っています。

遊び文化というのは、遊びそのものの内容、その中で生まれる人間関係や価値観などのことですが、当時はそれが異年齢集団の中で、年上の子どもから年下の子どもへと伝えられました。年上の子どもは年下の子どもの背丈に立って、遊び方や遊ぶ技術を教えてやる。その中で、相手の立場に立って大切なことを伝える技や言葉を身につけるのです。そして失敗を繰り返す試行錯誤の中で、身体の使い方、仲間のつくり方など、「具合」や「加減」や「呼吸」を身体で覚え、遊びの技術や人間関係のつくり方を身につけていきます。わたしはそれを「子ども時代のおみやげ」と呼んでいます。

立命館大学に勤めていた際に授業で学生の皆さんにそういう話をしたら、誰もそういう遊びを知りませんでした。今は、パソコンを相手に遊ぶ子どもはいるかもしれません。インターネットを利用して目の前にいない他者とつながったり、いろんな情報が手に入る時代です。しかし、パソコンやスマホを相手にした遊びでは、リアルな人間同士の「具合」や「加減」や「呼吸」を体得したり、他者との間合いをはかったりしながら関係をつくっていくということにはならないでしょう。

コンピューターは0と1の二種類の信号によってすべてを表現する「デジタル」の世界です。パソコン、インターネット、AIなど、いずれも突き詰めればそういう考え方でできています。たしかに、世界をデジタルで近似的に表現はできるでしょう。しかし、人間関係や、感情・気持ちの問題――安心や愛情などを含め――といった、わたしたちにとって大切なものは、必ずしも「0か1か」で割り切れるわけではないのです。「具合」や「加減」「呼吸」といったものを生身の人間同士のぶつかり合いの中から学んでいく貴重な時間、子ども時代を、デジタルの世界に奪われてはいけないと思います。

子ども時代に遊び呆けて時間を忘れたという経験のない子どもが、どんな「子ども時代のおみやげ」を持っておとなになっていくのでしょうか。「子ども時代のおみやげ」、みなさん、持っている実感がありますか?

豊かな「おみやげ」を持たない子どもが、どんなおとなになるのか――わたしは心配していいます。いまの子どもは、学校でも家庭でも、ぶつ切れの時間をあてがわれ、それを受け身でこなしているだけの人が多いように見えます。ある小学校五年生の女の子は、八つも塾やお稽古事などに通っていました。子どもたちは、時間、空間、仲間という「三間」のない生活の中で、まともに人間として育つことができるのでしょうか。

過去や未来に関わりなく、「いま・ここ」を生きる活動がまさに遊びにほかなりません。それゆえに、生まれてから義務教育期間中の子どもに寄り添い、子どもとうまく付き合うためには、童心にかえって一緒に「いま・ここ」を楽しむことほど大事なことはありません。そういう関係を今の社会や教育は困難にしているのではないでしょうか。

付け加えますと、自分の時間の主人公になって何かに夢中になることで、人間は「生きるエネルギー」を蓄えることができるのです。それは、あるがままの自分を生きるエネルギーです。

わたしが「不登校」「ひきこもり」の期間を、「エネルギーの充電期」だと言うのはそういうことです。その間を「負い目」や「罪悪感」をため込む期間にすることほど愚かなことはありません。登校拒否、不登校、ひきこもりの間はエネルギーの充電期間であり、自分の時間の主人公になれればいいのです。わたしは、登校拒否、不登校の子どもたちは、「いま・ここ」を取り戻そうとしているんだと思います。

「新幹線に乗っていると心が遅れてついてくるのが見える」と書いてくれた学生がいました。大阪の大学で教えていた時、ある新入生が、五月の連休の時、入学以来の大阪での、慣れない、慌ただしい生活に疲れ、久しぶりに家に帰って、父母や妹にも会いたいという気持ちをもって新幹線で帰省した時に感じたことらしいです。新幹線に乗り込んで、だんだん実家が近づいてくる、ああ、父さんや母さん、妹に会えるという期待が、じわじわと胸の中でふくらんでくるのですが、ところが新幹線が速すぎるから、その期待が胸いっぱいにふくらむ前に家についてしまったというのです。

「心が遅れてついてくるのが見える」というのは、なかなか詩的な表現ですね。この言葉を見て、わたしは、「早く、早く」と、スピードや効率ばかりを重視している社会の中で、人間の心の動きが追いつかないことまであるのかもしれないな、まだ遅れてついてきてくれるならいいけど、遠く置き去りにしてしまうこともあるかもしれないと感じました。

「自分になっていってください」

よくいうように、「忙しい」という字は、「心が亡くなる」と書きます。忙しいと、ある種の充実感が生まれるかもしれないけれど、現代ではそれが度を超えて、自分の心と向き合う時間を失ったり、自分の心を置き去りにしてしまってるのではないでしょうか。

わたしがカウンセリングをする時、クライエントの方と向き合っている僕の中にあるのは、「あなたは誰ですか」という問いです。私はいま、自分の人生の物語を、こういう物語を生きていますという話を、少しずつしてもらいます。それを一生懸命、心から聞くのがわたしの仕事です。ただ、特に若者の場合、「そんなことをしゃべってもおもしろくないやろう」「先生に聞いてもらうのはもったいない」「恥ずかしい」などと、遠慮する人が多いのです。

そういうふうに若い人が思うのは、相手に興味と関心を持って話を聴く人が、若い人のまわりにあまりいないからではないかと思います。どんな人にも自分の人生の物語はあります。しかしそれを誰かにきいてもらう機会が、今はなかなかないのではないでしょうか。逆にいえば、おとなは若い人に向き合って、真剣に話をきくことができているのかどうか。

そういう話をするには時間がかかりますし、話している当人が、話すことで自分の気持ちに初めて気づくというようなことだってしばしばあるのですから、立て板に水の弁舌のようではまったくなく、まとまらない話を、いろいろと解きほぐしたりつっこみをいれたりしてきくだけの余裕がきく側にも必要です。

現代社会では、子どもの「いま・ここ」の遊びだけでなく、自分や誰かの心と向き合って、真剣に話をきく時間も失われてしまっているのかもしれません。自分の心が何かを感じたり、何かをしようとしていることについて見つめる機会がなく、むしろ、まわりから自分がどう見られているか、どう評価されているかばかりを気にするようになっている気がします。

『悩む心に寄り添う』（新日本出版社、二〇二一年）という本でも紹介したことですが、子ども時代を経ておとなになっていく時、何が大事かということについて、作家の吉本ばななさんが、『おとなになるってどんなこと？』（筑摩書房、二〇一五年）という著作の「まえがき」でたいへんおもしろいことを言ってます。「いまからたくさん書くけど、たった一つ言いたいことは『大人になんかならなくていい、ただ自分になっていってください』と」。

この言葉にわたしは感心しました。その通りだと思います。自分の物語を紡いで、自分を生きること、自分を極めること、それが本当のおとなになるということだとわたしは思っています。ばななさんは、こうも書いておられます。

「人間は、小さいころから実はそんなに変わらないものなのです。だから人生はいいものなんだけどね！　大人になったあとは、子ども時代を取り戻して本来の自分に戻っていくことが一番大切です。いったん大人になってから、あらゆる場面で最も必要とされるのが子ども時代の感覚なんです」と。わたしもこの言葉の意味がよくわかります。つまり子ども時代に、その後の人格の土台、基礎がつくられるのです。自分というものは、子ども時代に基礎がつくられるのです。子ども時代にどれだけ夢中になって遊べるか、他者とともに楽しい時間を過ごし、自分の時間の主人公になれるかが、人として豊かなおとなになれるかどうかに影響すると思っています。

３　「虐待」という親子の関係

先ほど、五歳で亡くなってしまった結愛ちゃんの事件にふれました。これは親による虐待死と報じられ、私たちに衝撃を与えた事件でした。この虐待ということについて、少し考えたいと思います。

親による子どもへの虐待とは何でしょうか。たとえば身体的な虐待の場合、暴力というネガティブな形で、親のエネルギーが子どもに向けられているということがいえます。過干渉もそうです。それに対し、ネグレクトの場合、親のエネルギーが子どもに向けられません。心理的虐待の場合は、さらに親が子どもの存在自体を否定するようなメッセージを与えていることが少なくありません。

「おまえは生まれてくるはずのない子どもだった」「おまえがいるために離婚できない」などという親の言葉を投げかけられた子どもは、「自分は愛される価値のない人間だ」「存在する価値のない人間だ」という自己否定の極限に追い込まれます。

このように虐待は、暴力だろうとネグレクトだろうと深刻な影響を子どもに与えます。そもそも「虐待」という日本語自体が、かなり非日常的な尋常でないイメージを与える言葉です。ただ、そのように考えると、虐待といわれることがらの本質を正しく理解することが難しくなるかもしれません。

「子どものため」と思っていることも

英語では「虐待」にあたる言葉は abuse です。この言葉は一方が他方を「不適切に扱っている」という状態を意味します。「正常な扱い方からはずれた扱い方」とでもいうべき言葉です。つまり、子どもの虐待、abuse とは、子どもを適切に扱わないで、親が子どもを濫用《らんよう》する、あるいは誤用するということです。

親が、子どもを、子ども自身のためにではなく、自らの欲のために利用すること一般が abuse であり、それは日本語でいうなら虐待だといっていいでしょう。このように虐待を捉えると、虐待という言葉が指す範囲は広がります。親が日常的に、「子どものため」と思ってやっていることも、実は自分のため、親自身のためであったりすることはしばしばありますから。親の自己愛の満足のため、世間体のためなどに、子どもを支配し、操作する――これはかなり多くやられていることかもしれません。

それは「普通」の家庭、「普通」の親といわれているものの中にいくらでも隠れているかもしれません。「普通」の中に病理が隠されている場合もあるのです。子どもの欲求・要求と無関係なところで、子どもとの関係を持とうとするときに「濫用」が生じるからです。親が自分の要求の満足を求めて子どもと関わるとき、「子ども濫用」が発生するとは、西澤哲『子どものトラウマ』（講談社、一九九七年）も指摘しています。

そうした濫用が続くうちに、親と子の役割の逆転が起こる場合があります。つまり、親が子どもの欲求・要求を満たしてやるのは自然なことですが、逆に、子どもが親の欲求・要求を満たしてやる役割を演じるようになるのです。子どもが、親の期待に応え、親を喜ばせてやりたいと考え、それを実行する――こういう役割を小さい時から担わされてきた子どもは、他者の欲求・要求を満たしていることで、はじめて自分に存在価値があると考えるようになります。

こういう子どもたちは、他者の欲求・要求を満たせない場合、自分に存在価値を感じることができません。「あるがままの自分」だけではダメで、「自分が自分であって大丈夫」と思えないのです。親が満足して喜ぶような「よい子」を演じる時にのみ、自分を肯定できるのです。

虐待という問題には、こうしたことも含めて考えるべきだと、わたしは思います。もちろん、親といえども人間、まさしくごく「普通」の人間です。何か完璧な子育てや子どもとの関係性をつくれなければ親として失格だなどというつもりは、わたしはありません。親自身も生きづらさの中で生活し、子育てをしているわけですから、つい、子どもを傷つけてしまうようなことを言ったりしたりしてしまうことがありえます。

わたしはそのすべてが「心理的虐待」になるとは思っていません。子どもが、「あるがまま」の自分が親から愛されている、「自分は親にとってかけがえのない大事な存在だ」と思えている子どもは、少々親の言葉や態度によって傷つけられたとしても、心の全体にダメージを負うようなことはありません。「自分なんかいない方がいいのだ」「自分は生きている価値はないのだ」などと、丸ごと自分を否定するような心境にはならないのです。傷つくような体験であったとしても、「愛されている」という確信に基づく安心に吸収されるのです。

しかし、心理的な虐待が長期に続くなど、心の傷つき体験が積み重なると、「愛されている」という基本的な安心そのものを揺るがし、壊してしまうことがあります。そういう場合は、親の何気ない態度・言動が、子どもに重大なダメージを与えてしまうこともあります。

親から丸ごと愛され、「自分が自分であって大丈夫」という自己肯定感がふくらんでいる人は、自分のある部分が否定されても、それによって自分が丸ごと否定されたとは受け止めないのです。他方、自己肯定感が十分にふくらんでいない場合、ある部分を否定されただけで丸ごと自分が否定されたように感じ、キレたりパニックを起こしたりすることがあるのです。

4　埋め込まれる「地雷」と若者の傷つきやすさ

「よい子」じゃないと見捨てるぞ

話を戻しましょう。子ども時代にどれだけ自分の時間の主人公になれるかが、豊かな人格を育むうえで大事だという意味のことを述べました。ところがいま、おおぜいの子どもは、「競争に負けるな、がんばれ！」と、「アメ」と「ムチ」で煽《あお》られています。いい学校に進学し、いい会社に入る、役人になる――それがよい人生だと信じて、学力競争や習い事に子どもを駆り立てる親は少なくありません。しかしそうした子育て、教育によって、子どもの心に種々の「地雷」が埋め込まれていることを、親や教師はよく知りません。

「よい子じゃないと見捨てるぞ」という「ムチ」、「よい子だったらほめてあげますよ、報酬をあげます」という「アメ」を与え、子どもを「よい子」へと囲い込む子育てや教育がはびこるとどうなるでしょうか。そうした状況それ自体が、多くの子どもの心に「見捨てられる不安」という地雷を埋め込むと私は思っています。この「地雷」は、「よい子にしていないと見捨てられてしまう」という不安です。

そこから、自己否定感という「地雷」、傷つきやすさという「地雷」も派生してくるでしょう。「比べ癖」のついた目で優劣を値踏みされることで、「あるがままの自分であってはダメなんだ」という自己否定の「地雷」が埋め込まれるからです。比べられ、「成績の悪いダメなやつ」と人格全体を否定するような脅しの評価を受けることによって、部分を否定されるだけで丸ごと自分を否定されたように感じて傷つく「地雷」が埋め込まれるからです。たとえば、先生が、何気なく字の間違いを指摘しただけでパニックを起こすような子どもたちが生まれているのもその表れではないでしょうか。

そんな「地雷」を埋め込まれた心は、まるで「地雷原」のようです。「地雷原」のような心と向き合うわたしのような心理臨床家、カウンセラーは「地雷処理班」のような気持ちになることがあります。「地雷」を踏まないように、慎重にその心のどこに「地雷」が埋まっているかを探知し、それを除去しないといけません。

そんな「地雷」を心に抱えた子どもたちが、学校の狭い教室にひしめきあえば、どんなことが起こるか、目に見えるようです。時に、誤って「地雷」を踏み、相手を傷つけ、自分自身を傷つけることがあっても不思議ではありません。いじめもその表れではないでしょうか。

「地雷」を埋め込まれた心には「自己肯定感」はふくらみません。心が「地雷原」のようになり、いつだれが「地雷」を踏み、自分や他人が傷つくかもしれないような不安な状況の中で、「自分が自分であって大丈夫」という安心はふくらみません。その心は「焦り」や「不安」「傷つきやすさ」に満ちています。「焦り」という字は「焦げる」とも読みます。焦っている心は焦げているんです。まさに戦場のように、焦げているんです。その心は、平和ではありません。

「地雷原」のように「地雷」を埋め込まれ、「焦り」によって焦げ、不安にさいなまれている心は平和ではありません。「自分が自分であって大丈夫」という安心がありません。自分の素直な心で「本当に感じ、真実心を動かされる」こともないでしょう。自分の心で本当に感じ、真実心を動かされることから出発し、その意味を考えることのできない人間が、本当の意味で自立できるでしょうか。できないのではないでしょうか。

彼は常に評価され、値踏みされるまなざしに支配されています。そのまなざしの主である支配者は、自分ではなく、誰かほかの他者です。そんな他者の気に入る「よい子」という「檻《おり》」に囲い込まれた自分が、自由に自分の人生を生きる主人公になれるでしょうか。

安心して出せない自分

そんな子どもたちが生きているこの社会は、立ち止まって泣いたり悩み苦しんだりすることを好みません。時にはそういう人間を拒否します。厄介者《やっかいもの》扱いします。だから多くの子どもや人々は、泣くことをやめ、悩み苦しむ姿を他人に見せようとしません。悩み苦しむことは自分がダメであることの証《あかし》である、証明であるかのように思い、悩み苦しむのを嫌い、拒否します。だから、彼らにとって、悩み苦しむ自分は「よくない自分」であり、悩み苦しむ自分を引き受け、ともに生きようとできません。むしろそういう自分を嫌い、拒否するのです。

彼らは安心して悩み苦しむことができません。悩み苦しむ自分は置き去りにされます。だが、悩み苦しむ自分こそ、本当は、自分の本当の姿であり、あるがままの姿なのです。その「あるがまま」の本当の自分を置き去りにして生きる彼らは、自分とともに生きていないのです。つまり、自分が自分であってはダメなんだという自分との関係を生きているのです。

なぜこのように、「自分が自分であって大丈夫」という自己肯定感がふくらまないのかといえば、悩み苦しむ自分、泣き言を漏らす自分を受け止めて寄り添ってくれる「共感的な他者」に出会えないからです。悩み苦しむ自分こそ本来の自分であり、「あるがまま」の自分であるのに、その自分を安心して出すことができない。その自分に寄り添ってもらえない。だから、強い自分をつくって生きないといけない。がんばって自分を偽り、「強い自分」を演じて生きなければならないのです。

ほめることは正反対のように見えて……

今の教育政策は、子どもを国や企業の役に立つ「人材」養成に偏っています。日本の教育政策は、学校や教師・子どもを競争環境において、国や企業の役に立つ「人材」を効率的に育てようとしています。そこで使われているのは「アメ」と「ムチ」

です。学力テストの成績によって褒美を与えたり、罰を与えたり。そういうシステムの中では、ほめることもアメになります。ほめたり脅したりして、学校、教師、子どもを操って人材競争へと駆り立てることになります。

ほめることは、しかる、脅すことの正反対のように見えて、その実、「アメ」と「ムチ」で子どもを操る手段としては、同じものの裏表でしかありません。人材養成のための教育システムとそれに合わせる子育ての中では、子どもの悪いところをしかることと、子どものよいところをほめることとは、正反対のものではなく、同じものの裏表になりかねません。おまけに、いまのおとなは、脅すことを「きびしさ」と混同していたり、やさしさを甘やかしと混同していたりします。

子どもを人間として育てる「やさしさ」と「きびしさ」は、子どもを「アメ」と「ムチ」で操る対象として扱いません。子どもを人材として利用しようとする人は、子どもの部分的な性能や資質を高めることで「自己肯定感を高めましょう」といいます。それは、役立つ人材をつくるための、非常に皮相な「自己肯定感」にしかならないのではないでしょうか。

子どもを人間として育てるためのほんものの「やさしさ」と「きびしさ」は、子どもを主体として尊重します。子どもを操る対象として扱うのではなく、かけがえのない人生を生きる主人公として尊重するのです。リスペクトするのです。

子どもを人間形成の過程にある存在として尊重するからこそ、人間として許せないことにはきびしくしかります。また、子どもを人生の主人公として尊重するからこそ、「いま・ここ」で子どもが感じている気持ちや感情にやさしく寄り添って耳を傾けようとします。

その愛の心がしっかりとおとなの心に座っていてこそ、そこから、本物のやさしさときびしさが生まれます。そのやさしさときびしさから生まれる愛を吹き込まれて、「自分が自分であって大丈夫」という人間の自己肯定感――この人間の自己肯定感を私は「心の浮き輪」とも呼んでいます――愛の息吹を吹き込んで心の浮き輪をふくらますのです。

もうだいぶ以前から、子どもは、自分が人間としてではなく、「人材」として扱われていることを見抜いています。三〇年前の中学生の詩「僕の見た夢」、これは滋賀の先生、河瀬哲也先生――わたしの友人でもあります――が『専門家として本物の先生になるんだ』（部落問題研究所出版部、二〇一六年）という本で紹介してらっしゃる詩です。

大きな商店の店先に　ぼくは並べられていた　ぼくも　ぼくのまわりの商品もみんな値段がつけられている　それは偏差値である　お客（高等学校）は数値の高いものから買っていく　ぼくは売れ残ってなかなか売れない　店先では売り子（教師）が品物をふいたり並べたりしていた

おそらく、日本の学校や教育における競争は、この詩が書かれたころ以上に激しくなっているでしょうし、競争からはみ出たりドロップアウトしたりする人――大企業やいまの秩序が求める「人材」を育てる競争ですからそういう人が出てくるのもごく自然なことです――にとって、安心できる居場所も、少なくなってしまっているでしょう。

それ以前から、こういうことを感じ取っている中学生はいたのです。人材予備軍として、「売りもの」「使いもの」になる商品として育てられ、売り買いされているように感じて、それがいまの教育の本質だと見抜いていたのです。

五歳の女の子が、いたましい言葉をノートに残して死んでしまった悲しいできごとの背後にあるのも同じものではないでしょうか。これが、日本の社会、教育の姿なんだと直視し、問題をしっかりと受け止める必要があるのではないでしょうか。

こういう教育の中で、学力と人格形成はまったく結びついていません。三〇年後のいま、改善されるどころかもっとひどい状態になっています。黙々と従順に勉強する子どもたちが増えていますが、力の強い者に管理され、誰かの役に立つ「よい子」になって働くための学力の競争に駆り立てられているように見えます、そのために、大切な子ども時代を、「いま・ここ」を費やしてしまっていいのでしょうか。「役に立つ人材」でないと存在価値がないという価値観に脅されて、競争レースを走り続けさせられているのです。

ピンチをチャンスに変える

どうしたらいいのでしょうか。悩み苦しみ、自分を出して自分に寄り添って、苦しいから「よし、よし」と、その苦しみ悩む自分を共感的に受け止め、そういうあなたで大丈夫だよと、赦し、認めてくれる他者と出会う時、はじめて彼は、心の底から安心し、悩み苦しむ自分であって大丈夫、と思えるようになるでしょう。

それこそ、「自分はあるがままの自分であって大丈夫なのだ」という自己肯定感をふくらませる絶好のチャンスなのです。ピンチをチャンスに変えるのです。不登校やひきこもりなどの問題を抱えて苦しむ、悩む人が、自分が自分であって大丈夫という自己肯定感をふくらますことができないのは、苦しみ悩む自分を受け入れ、赦していないからです。

苦しみ悩む自分を受け入れ、赦すことこそ「あるがままの自分で大丈夫」という自己肯定感をふくらませる何よりのチャンスであるのに、むざむざとそのチャンスを生かすことができないのです。

第2章

自我といのち——「自分」の二つの側面

カウンセリングに訪れる人をクライエントといいます。何らかの悩みを抱えた人たち、あるいはその家族であることが多いです。わたしはカウンセラーで、クライエントのお話を聞くのが私の仕事です。

いろんな本に書いてきましたが、カウンセラーがクライエントの心を変えるのではありません。そんなことはそもそもできないことです。カウンセラーはあくまで援助者であり、自分の心に向き合い、それを変えるのはクライエント自身にしかできません。カウンセラーは、クライエントの心の内部のプロセスを引きおこす引き金になる可能性はありますが、クライエントにそのプロセスを与えたり、彼を操作したりして動かすわけではないのです。

逆にいえば、無理やりあなたの心を変えようとする人がいたら、それは一種の暴力だともいえます。自分の観念に従って、あなたを変えたがる人は一種のエゴイストです。彼は実はあなたのことなど気にかけていません。彼の関心のすべては、自分自身の観念にあり、あなたは彼にとって、その観念を実現するための道具となるのです。わたしは、「自分が人を変える」という観念そのものが、冒瀆《ぼうとく》であると思っています。

次のようなたとえ話が、カウンセラーの仕事をある程度示しているかもしれません。枯れススキを幽霊と錯覚して、助けを求めている人がいるとします。誰か、その人を助けることができるでしょうか？　助けることができると思う人間は、その人も同じ錯覚の中にいて、ススキを幽霊だと思っている人です。錯覚から目覚めていて、実体がススキだとわかっている人には、「いや、あれはススキですよ」と錯覚から醒めるように手伝います。錯覚は簡単には解けないかもしれません。でもいろいろなことを話しているうちに、怖がっていた人がふと、「あれ、もしかして幽霊ではないのかも」と思う場合があるかもしれません。

カウンセラーは、たとえばそのようにして、クライエントが錯覚から目覚めるまで、話し相手になるわけです。ときどき、クライエントの心を揺さぶることもします。話を聴き、相手を揺さぶり、相手が何かを気づく、そのために特殊な訓練を受けているのがカウンセラーです。

ところで、カウンセリングを長年続けてきた実感をふまえていうと、実は、現代人の悩みの少なくない部分が「自分」というものをどう捉えるのかということと関わっている気がします。なかでも特に、他人や自分自身が自分をどう評価しているかということが——当人が自覚しているかいないかに関わらず——そこには横たわっていると感じます。

1　悩みの根底にあるものと自我

クライエントが語る悩みの根底に、自分への評価をめぐる問題があるとはどういうことでしょうか。そのことを考えるために、そもそも「自分」とは何なのかということを考えてみたいと思います。「自分は今ここにいる自分そのものだ」と思われるかもしれません。それはそうなのですが、「今ここにいる自分」を別の言葉で表すとしたらどうでしょうか？　あるいはそういう「自分」というものが、たとえばあなたのすべてなのでしょうか？——そんなことを考えてみたいのです。

自分の一部分、「自我」とは何か

まず大事なことを先にいっておくと、ふだん自分で「これが自分だ」と認識したり、「私はダメだ」「俺はすごい」などと思ったりしている自分というものは、実は、自分の一部分にすぎません。それは「自我」です。「自我」は、自分をその生きている社会に適応させるよう、行動を調整・規定するものです。

二〇二一年に出した私の『悩む心に寄り添う』（新日本出版社）という本で、人間には「宇宙内存在」という面と「社会内存在」という面があるとする詩人・谷川俊太郎さんの言葉を引用しました。これはとても深い洞察で、人間にはたしかにこの二つの面があると思います。宇宙内存在は生きものとしての自分、社会内存在は、谷川さんが言うように、言葉を獲得し、教育を通してその社会の秩序や価値観を内面化していった結果としてつくられる自分です。この後者の社会内存在としての自分が、「自我」だともいえるでしょう。

よくいわれることですが、一個の生物としては非力な人間が、何世代にもわたって生き延び、進化し、種を受け継いでこられたのは、社会を形成したからです。そして、個々の人間がその社会の中で生きていけるよう、生命が身につけた「適応装置」が「自我」だといえます。

日本語の「人間」という言葉は、なかなか本質的で、「人と人の間」と書きます。人と人の間で生きるもの、それが人間だという洞察があるようにも見えます。これは複数の人が協力したり、互いに相手の力になったりするということをもちろん含んでいますが、自分から見ればそこにいる他人も同じ人間であり、しかし自分とはまったく違う存在です。ですからよいことばかりが得られるわけではないでしょう。他人がいることで、互いの不利益や争いもまた起きてしまうかもしれません。

そのようなリスクがあるのが、人と人の間で生きることであり、他者、あるいは社会とともに生きるということです。ですから、そういうリスクを少なくするための「約束事」を共有しておく必要があります。

たとえば「言葉」も重要な約束事です。こういう動物のことを「ネコ」と呼ぶ、こんな植物のことを「イネ」と呼ぶ——。あるいはたとえば、信号があったら「赤なら止まれ」「青なら渡ることができる」——。このように、数知れぬ約束事の網でできているのが人間の社会です。わたしたちは約束事に従って解釈・判断し、社会に適応しながら生きているのです。その適応を行っているのが「自我」です。そういう意味での「適応装置」です。あるいは、それによって生きていくことができるわけですから、たとえていえば、この社会で、生き物としての人間が生命を維持するための「宇宙服」のようなものだともいえると思います。

自分を社会に適応させるわけですから、「自我」は当然、社会のありようにも影響されています。社会は、人類の歴史の中でさまざまに姿を変えてきましたから、おそらく、時代ごとに、人々の「自我」のありようは違ってきたでしょう。たとえば、現代社会で会社員として働く人の「自我」は、江戸時代の身分制下で生きる農民の「自我」とはだいぶ違うのではないでしょうか。同じような「生活が苦しい」という事実に対しても、それぞれの「自我」は違うことを考えるでしょう。前者は、転職したり副業を始めたらいい、などと考えるかもしれませんし、あるいは経営者に対して賃上げを求めて行動するかもしれません。後者は、貧しさに甘んじるしかないと考えるかもしれませんし、あるいは領主にもっと年貢を少なくしてほしいと訴えるかもしれませんが、それは現代人の場合とは違って、命がけの決断になるかもしれません。

このように、人が、自分を社会生活に適応させることを促すのが「自我」です。先ほど、それは生命維持装置としての「宇宙服」のようなものと述べましたが、「服」ですから、自分そのものというよりは、むしろ自分を覆う形で外の世界と接している部分であり、また違う「服」に着替える場合もあり得るといえます。

「自我」のことを「エゴ」と呼ぶ場合もあります。ただ、日本語でエゴというと「エゴイスト」のエゴ、利己主義とか自己中心的、自分本位など、あまりよいイメージがないかもしれません。この本で使っている「自我」という言葉は、そうした意味での否定的ニュアンスを持つものではなく、個人が社会の中で自立した主体であるために必要な機能を備えたものという意味にすぎません。この意味での「自我」を使うと、たとえば、「社会は、『自我』をしっかり持った個人の集まりで成り立つものであり、日本人は自我が確立していない」「個人として自立していない人の集まりは、いまだ『社会』とはいえず『世間』である」といった議論をすることができます。

人の赤ん坊が生まれた後のしつけや教育は、大半が、社会の約束事や文化遺産を子どもたちに身につけさせる仕事だといっていいでしょう。生き物としての子ども、一個の生命に、「宇宙服」を着せ、「適応装置」を育てる過程です。

人間の子どもは一〇歳前後になると、それまで親の下で保護され、大事に育てられてきた状態から、親以外の他者との関係性を大事にし始めます。友達と遊ぶ時間が増え、性的な関心も持ち始め、やがて社会に出て生きていくための準備が始まるのです。ちょうどその時期に、教育においても、「適応装置」を集中的に育てていくことが、現代では行われています。「自我」はそういう過程を通って、いのちの中に育まれていくのです。

「適応装置」が生きづらくさせることもある

こう考えてくるとあることに気づきます。わたしたちが自身のことを「自分」と称するとき、「自我」が自分だと思いがちなのですが、実はそれ以前に——社会に適応することと関係なく——わたしたちは、生きている主体それ自体（いのち）であるということです。生まれたばかりの赤ちゃんは社会に適応しているとはいいにくいですが、まわりからケアを引き出し、立派に生きています。赤ちゃんは「自我」が形成される以前のいのちの一つの姿といえるかもしれません。

つまり、自分とは、生きている主体としてのいのちそのものであり、同時に、それを社会に適応させようとする「自我」でもあるという二つの側面を持っているということです。ここで大事なことは、自我のためにいのちがあるのではないということです。あくまで、いのちが社会のなかで生きるために自我があるのです。わたしはそれを、いのちが与えられた使命を地球上で果たすためのものだと思っています。このことをはき違えてしまうと、いのちが自我に振り回されることになってしまいます。たとえば次のようなケースを考えてみてください。

あなたが会社員で、同僚と、営業成績を競い合っているとしましょう。同僚は、本来、職場で切磋琢磨《せっさたくま》するライバルであり、互いにサポートし合う関係でもあるはずです。しかし、営業成績の優劣によって自身の昇進や給与が決まってくる場合、あなたは、その同僚を、出し抜き、蹴落とすべき対象と見る――。

これは、会社の中で競争を強いられ、その競争を勝ち抜くことができなければ落伍者になってしまう、という競争的な環境があった場合に、「会社員としての自我」が、勝手に自分の「敵」をつくりあげてしまう例の一つです。自我は人間社会で生きるための適応装置ですから、自分がその中で生きているある種の秩序を乱すものに対し、「敵」と認定し排除しようとする機能を持つのです。

同僚を「敵」とみなせば、あなたは、その失敗や不運を喜び、あるいは不親切にするといった行動に出るかもしれません。しかしそんな職場が、楽しく働ける場になりうるでしょうか。あなたの態度は、多くの同僚から批判され、あなた自身の職場での立場を、かえって難しいものにしてしまうかもしれません。その結果、あなたの職業人としての能力が十分に発達せず、職場でのパフォーマンスも事業目的に照らして不十分なものになってしまうことだってあるでしょう。

世の中には不当な人権侵害や中傷、暴力といったものがはびこっていますから、そうしたものに抗議したりたたかったりすることには大切な意味があります。特に、いのちを脅かすような悪質なもの、自然人ではない国家権力や会社が、それを体現する人物を通して人権侵害や暴力をはたらく場合などは、単なる人間関係の問題で済ませるわけにはいかないことも多く、法に基づいて、被害者のための正義が実現されるべきでしょう。こうしたケースはいのちそのものや人間の尊厳に対する「敵」とたたかうことが必要な場合です。

ただ、そのことを前提にしてあえていえば、「敵」を認定したたかうことが、かえって自分自身を苦しめる場合もあるということを考える必要があるのです。この例で「敵」を認定しているのは、「自我」のはたらきにほかなりません。社会秩序への適応装置としての「自我」が、自分の関わっている秩序に危機が生じると考え、誰かを「敵」と認定し、それを排除しようとし始めるということです。

この例は、実際には秩序の「敵」が存在するわけではないのに、職場の競争的な環境によって追い込まれた「自我」が、勝手に「敵」をつくり出してしまう場合です。そういう場合は、この「敵がいる」という解釈を変えることで、「怒り」が消えるようにすることも大事になってきます。

また、「敵」とまではいわないにせよ、「自我」は私たちの周囲に、さまざまな序列・格差といった対立的な関係を認定し、そこに自分を当てはめようともします。自分は成績が優れている・劣っている、自分は外見が美しい・醜い、自分は人気者だ・嫌われ者だ……などといった序列的・格差的な自己認識です。そうした自らつくり出したものにとらわれ、喜んだり、悲しんだりするのです。

つまり、こうした場合に大事なのは、「世の中に敵と味方が存在する」「世の中には序列がある」という対立的な解釈をするのではなく、それを超えることなのです。誰も敵でなく、誰も味方でない、それらは「自我」が勝手につくった解釈にすぎないのだということを理解することです。

「自我」がつねに「敵・味方」や序列をつくり出すのに対し、「宇宙服」（自我）を着ている本体、つまりいのちは、そのような対立的な観念とは無縁です。ただ、あるがままを生きる存在そのものなのですから。それが存在しているということ自体に、ほかに替えられない大切さがあります。どのような外観を持っているか、どのような能力を持っているか、どのような社会的地位にあるか、どのような財産を持っているかなどといった問題は、そこには入り込む余地もありません。

その意味では――誤解を恐れずにあえていえば――人間のさまざまな苦しみの根は「自我」にあるともいえます。「自我」が、社会秩序や他者に自分を適応させようとすることで、さまざまな矛盾がそこに生じるからです。かけがえのないいのちの大切さから見たら、実は非常に些細《ささい》なことに「自我」が拘泥《こうでい》して、他者を否定したり、自分を否定したり、相争ってみたりする――私にはそう見えることが少なくありません。

「自我」は言葉を使って、いのちすらも定義できてしまいますので、自分とは何か、このいのちが何のためにあるかを勝手に決めつけ、そこに自分を当てはめようとさせます。そうすると、いのちを、その本来のありようから、「自我」がつくり出した狭い範囲に押し込んでしまい、結果的に自分というものを見失ってしまうことにもなるのです。

繰り返しになりますが、たとえば暴力や人権侵害などの、自分を脅かすものとたたかうことは大切なことです。それらはいのちを脅かす、生きることをできなくさせてしまう場合があり、一般的な争い、対立的な観念とは同列に置けません。しかしそうでない争いや対立を、わざわざ自分でつくり出し、そこに自分を押し込むというのは、ばかばかしいことではないでしょうか。

「自我」はこの社会のなかでうまく生きていくためには、必要不可欠なものですが、それは、社会では衣類をまとわずには生きられないのと同じです。ただ、それはいのちそのもの、わたしの実物そのものではありません。「自我」はあくまで社会への適応装置であり、そのはたらきによってかえって生きづらくなってしまったとしたら、いったんそこでその機能をキャンセルすべきだというのが、わたしの考えです。

「自我」はよりよく生きるためにこそ

「自我」による「わたしは○○である」という同一化、アイデンティティは社会的な動物としての人間にとって大事な意味を持っています。そして、人間が長い年月を生きていく中で、そのアイデンティティを「根っこ」として、さまざまな自己認識が生じます。根っこから茎が伸び、葉を茂らせるようにして、「わたしは喜んでいる」「わたしは怒っている」「わたしは幸せだ」「わたしは不幸である」「わたしはダメな奴だ」「わたしは有能だ」などといった自己認識――生き物としての心身の反応や感覚ではなく、あなたの「自我」があなたの状態を解釈しているものだと思ってください――が、生まれては消え、消えては生まれてくるといえるのではないでしょうか。

いくつかの否定的な葉っぱ、「わたしは怒っている」「わたしは不幸である」「わたしはダメである」などといった葉っぱは、「わたし」を煩《わずら》わせるものでしょう。しかしそんなものに過剰にこだわる必要は本来ないのです。ほかにもさまざまな葉っぱがありますし、より本質的にいえば、本当の「わたし」の尊さは、葉っぱの良し悪しではなく、種がまかれ、根や茎を伸ばし葉を茂らせて生きているということ自体にあるのですから。それは無限定のいのちであり、今はまだない葉っぱを茂らせることを含め、さまざまな可能性も含んだ存在なのです。

「喜び」「怒り」「幸せ」「不幸」「有能」「ダメ」などの観念と自分を同一化するのではなく、それらをただ見守るだけでよいのです。しっかりと意識しながら、ただ眺める。それが人間の「いのち」の役割です。つくりものの「自我」がどんなふうに葉を茂らせるか、そのありようを見守るのです。それは、本当のわたしであるいのちのあるがままを「自我」と同一視し、それが自分だと勘違いしないようにするためです。

いのちは収まりきらないことも

また、いのちは常に、自我の中に収まりきらずはみ出すところがあります。いのちというもの、生きているということは、常に変化しているということですから。そういういのちを、「自我」や社会の枠の中に無理やり押し込んでしまえば、いのちとしての発展や進化はなくなるでしょう。「自我」や社会の枠に収まりきらないで、成長し大きくなろうとするから、いのちはある時、より自由に動けるよう、新しい「自我」をつくることもあります。古い「自我」の殻を破り、新しい「自我」という殻を身につけるのです。その意味でも、一つの「自我」を、「これが自分だ」と固定的に見るのはよくないかもしれません。

生きる上で何を大切と考えるか、どのように生きたいか、何をめざすのか・めざさないのか……といった思考・思想の問題もあれば、何かができるようになる・できないようになる……といった能力の問題、あるいは、どういう共同体に所属するか、どんな人たちと関係を持って生きるのかといった周囲との関係性に至るまで、人間は人生の道行きの中でさまざまな変化を経験します。それまでの「自我」が、そういう変化の中で変わっていくことはごく自然なことでしょう。

自分を「自我」と同一視して、いのちをその中に閉じ込めようとする、あるいは、いのちを、それがあたかも自分の所有物であるかのように扱い、「自我」の満足のためにそれを使うといったことは、しばしばあることですが、「自我」にとらわれすぎて、本来のいのちのあり方からはずれてしまったものといえるでしょう。「自我」は、いのちをより豊かに生き、表現するためにこそ利用されるべきものでしょうし、そのように使えない「自我」であれば、持ち続けなくてもいいのではないでしょうか。

そういうことも含め、「自我」のふるまいをただ見守る観照者にとどまること、自分を「自我」と同一視せず、むしろその外にいるアウトサイダーたらんとすることは、生きていくうえで非常に大切です。それは、いのちを大事にする観点から「自我」を相対化することであり、「魂の目覚め」ともいえると思っています。この世に生を受けることを最初の誕生、思春期における「自我の目覚め」を第二の誕生とよくいいますが、「魂の目覚め」は三度目の誕生といってもいいかもしれません。

2　「大きないのち」とわたしたち

先ほど、いのちこそが自分の本体であると述べました。多くの人にとって、しかし自分のことを「いのちである」と感じることは、必ずしも多くないかもしれません。日々の暮らしに追われていれば、もちろん、そこで直面する職場や学校などで自分がどう行動するか、常に問われますし、そこでは「自我」という適応装置をフル稼働させる必要の方が多いと思います。どうしても、「自我」、社会内存在としての自分の方を意識することが多くなるでしょう。

ですので、ここでは私たちが「いのち」であるということを、あらためて考えてみたいのです。そんなことは考えるまでもないと思われるかもしれませんが、単に生きているという認識だけでは見えてこないものも、そこにはあると私は思います。

生命の起源と生命の仲間

　高エネルギー宇宙物理学の第一人者として世界的に知られている桜井邦明さんの著書『命は宇宙意志から生まれた』(致知出版社、二〇一一年)を読んで、生命というもののの普遍性ということを思わされたことがありました。桜井さんの紹介によると、地球上のすべての生命は、三十数億年前、たった一つの起源から始まっており、そこからさまざまな形に分かれ、現在では、人間あるいは植物、動物、細菌などさまざまな姿で存在しています。人間の身体だけでなく多くの動植物を構成しているのは、酸素、炭素、水素など、地球上でもっとも手に入りやすい元素であるそうです。また、人間をはじめ、猿や牛、馬、鳥など、体温を一定に保つ特性をもつ「恒温《こうおん》動物」は幾分かの誤差はあっても、この温度の平均は「三六度~三七度」でだいたい同じであるそうです。

　いま地球上には、生命の進化の過程で誕生した生物が二〇〇〇万種類以上あるといわれますが、こういう仲間たちが出会い、共生しながら、生命の歴史はつくられてきました。生命の基本構造を決める情報はすべての生命に共通で、ＤＮＡと呼ばれる高分子で伝えられるようになっていることは、わたしたちも何となく知っています。

こういう知見は、宇宙物理学や分子生物学などの現在の最先端の科学によって解明されてきたものですが、わたしはそういうことを学ぶと、人間が他の生命と「みんな仲間」であるのだなと感じます。

地球上のいのちは三十数億年前に、大宇宙の星の爆発から生まれた元素（炭素、窒素、水素、酸素など）が地球の海の底で結合して生まれました。人間を含め、どんな生きものであってもそこから進化が始まって、今日のような姿になったのです。岩石や鉱物ばかりの原始地球に有機分子が出現し、蛋白質《たんぱくしつ》のような高分子に進化し、さらにさまざまな機能を持った細胞のようなものが生まれていった——その過程は、地球やその環境のさまざまな変化の中で自然選択がなされていった、非常に長い時間をかけたものだったでしょう。生命活動をするにいたったさまざまないのちは、単体で存在するものではなく、周囲の環境に適応しながら進化し、起源を一にする他の種とも共存・共生しながらいのちをつないできたのではないでしょうか。

そう考えると、この大きな生命の歴史、生物と無生物が反応し合いながら適応・進化していく歴史の中に、わたしたち人間もいるといえるでしょうし、人間は高度に発達した動物で、社会性や個別性も発達しているけれど、それでも、他者はもちろん、他の生物種や無生物とも共生していくことで安定する、大きないのちの一部でしかないとも思うのです。

「遺伝子の乗り物」から個体の自立へ

人間は限りなく「自我」――言い換えると「個体性」――の発達した生き物です。人間ほど「わたし」というものにこだわり、執着する生き物はいないでしょう。この「個体性」「わたし」はどのようにして生まれたのでしょうか？

生物の個体というものは、本来「遺伝子」の「乗り物」のようなものです。つまり遺伝子の生存をより安定したものにするための「手段」として成立したものです。もともと個体は、生命の歴史においてははじめから実体的に存在するものではなく、遺伝子のために形成されてきた二次派生的存在であるということを、「利己的な遺伝子」で有名なイギリスの動物行動学者Ｒ・ドーキンスらが議論し、また現代の生物学が明らかにしてきました。

皆さんは鮭の産卵の姿をテレビなどで見たことはないでしょうか。苦しそうに産卵し、それを終えると死んでいくあの鮭の姿。あの鮭の「個体」は、遺伝子の「乗り物」のように見えませんか。産卵によって子孫の手がかりを残すと、自らはもはや役目を終えた存在となり、ただ死にゆくのみなのです。そこには遺伝子を超えた「個体」の独自の価値や意味はないように見えます。鮭の個体は、〝より大きな何かの力〟に突き動かされて行動しているのではないでしょうか。

ところが生物の進化のある段階から、個体がこうした遺伝子の支配を離れ、独自の「主体性」を獲得するに至ります。遺伝子の「乗り物」というだけでなく、個体が独自の価値を持つようになるのです。哺乳類《ほにゅうるい》はその典型といえるでしょう。

生物の個体の一生は三つの時期に分けられます。性成熟年齢に達するまでの「成長期」、生殖の可能な「生殖期」、生殖期を終えた後の「後生殖期」です。「遺伝子からの個体の自立」は、個体の寿命が「後生殖期」に及ぶことと重なっています。つまり個体が生殖後直ちに死んでいくような、単なる「子孫を残すための手段」ではなくなることが、この「個体」の「主体化」ということと実質的に重なっているのでしょう。

社会学者である真木悠介さんの『自我の起源――愛とエゴイズムの動物社会学』（岩波書店、一九九三年）によれば、こうした個体性を高度に発達させた哺乳類は、親から子への「哺乳」や「保育」といった「社会性の発達」によって特徴づけられています。そのことに示されるように、「個体」の主体化・自立が「社会性」の発達と同時的であるというのがおもしろいとわたしは思います。個体がまずあって社会性が生まれるのではなく、「わたしがわたしである」ということ自体が、社会性あるいは他者との関係の中から生まれるということですから。「わたしがわたしである」という個体性は、社会性の発達と並行して強くなるのです。

「個体の自立」と「社会性の発達」がコインの裏表のような関係にあることは、哺乳類において萌芽的なかたちで認められますが、ヒトにおいてそれが本格化します。ヒトの場合には、生まれて後の親との直接的なやりとり、家族や遊び仲間とのコミュニケーションを通じて「わたし」が形成されていきます。「親が子の世話をする」ということは哺乳類一般に見られることですが、ヒトの場合、子どもが成長し親が高齢になると、「子が親の面倒を見る」ということもあります。これは「後生殖期」が他の哺乳類に比べて際だって長い人間固有の現象でしょう。

いずれにしても、人間の場合、個体＝「わたし」が主体性を持つ一方で、他の個体との関係性や社会性が強まるということが、他の動物には見られないかたちで強固に現れるのです。人間は、「わたし」にこだわり、世間や他人のことを「気にかける」動物なのです。

ちなみに、ここでいう他者との関係性というのは、「ケア」するということです。人間は「ケアする動物」です。「わたし」がまずあって「ケア」があるのではなく、人間は「ケア」の関係の中で一人の「個」「わたし」になります。「わたし」が「わたし」であることを、「ケア」が支えている動物です。このことは広井良典『ケアを問いなおす』（筑摩書房、一九九七年）で学びました。

わたしは「はじめに」でふれたように五〇代で前立腺癌《がん》になりまして、インドに旅行した後、癌を切る手術をしました。前立腺はご存知の通り、生殖に関わる器官ですから、それがなくなったということは、すなわち、わたしが「種の保存」に仕える器官を失ったということです。ということは、わたしはそれ以来、生殖という社会性から離れ、その分いっそう「個体」として生きることになったのだと思います。

しかしわたしという「個体」にこだわって生きるということは、自分だけに執着するということではありません。むしろいっそう他者を気にかけるようになりました。他者とともに生きるこの社会においては、お互いに気にかけあい交流することによって、それぞれの「わたし」＝個体にアイデンティティの根拠が与えられ合うのだと思います。

わたしは、前立腺を切除したからこそ、そのことを実感しています。わたしは以来、「登校拒否・不登校問題全国連絡会」を中心にした人々のネットワークに身をゆだね、そのなかで役立つこと、あるいは大学で学生、院生たち若い世代を気にかけ、彼らにアイデンティティの根拠を与える仕事をしてきました。その中で、高垣忠一郎という個性を持った生を生きてきたと感じています。

大きないのちのはたらき

ナチスのホロコーストから生還したオーストリアの精神科医で心理学者のヴィクトール・フランクルさんという方がいらっしゃいますが、そのフランクルの著作を翻訳したり研究したりしてきた哲学者の山田邦男さんが、『〈自分〉のありか』（世界思想社、二〇〇六年）という本で、自分の「宇宙性（普遍性）」と「唯一性（個別性）」というい方で、自分には二面性があるということを指摘しておられます。わたしはしばしば、「自分をこえた無我なる大きないのち」が、「自我」に基づく「分けいのち」としてはたらいている――つまり自分ならざるものが、「自分」という形をとって現れている――という言い方をします。「分けいのち」はわたしという個体そのものですが、「大きないのち」はそうした個体を生かしているこの宇宙全体のありようです。山田さんが宇宙性と個別性という言葉で表しているのも、そういう意味合いのものでないかとわたしは感じます。

山田さんは、「自分」については老子をひきあいに出して説明しています。すなわち、老子によれば、「自然」とは、天地のすべてを包むあるがままの普遍的生命で、老子の理想は一切の人為をすてて、この普遍的生命である「おのずから」なる自然にのっとって「みずから」生きることである。そして、この「おのずから」なるままに、「みずから」生きること、それが日本語でいう「自分」の本来のあり方なのである、というのです。

「自分」とは「おのずから」と「みずから」の統一だというのです。たとえば、誰しも呼吸をしていますが、常に「呼吸しよう」と思ってそうしている人は少ないでしょう。呼吸は、自分が意識するまでもなく、「おのずから」なされています。人間はそのようにできている――つまり「大きないのち」が人間をそういうものとしてつくり出したといえるでしょう。同時に、わたしはみずから、呼吸をしています。だからこそ、あえて「呼吸しよう」という意志を持って深く呼吸することもできるわけです。たとえばこのように、呼吸は「おのずから」と「みずから」の統一されたものといえるでしょう。

山田さんは身体の「普遍性」にふれて、自然とは「ただごとでないこと」が「ただごと」のように起こることをいうと喝破《かっぱ》しています。本当にその通りだと思います。

わたしは今のところ、今日寝たら、明日目が覚めることをあたりまえ、「ただごと」＝あたりまえのことのように思って疑っていませんが、よく考えれば、本当はそれはあたりまえのこととはいえません。寝ている間に息が止まっても不思議ではないのに、わたしは生まれてからこのかた、一度も寝ている間に「息をするのを忘れるのでないか」と不安に思ったことはないのです。

本人は息をすることを意識し、意志していないのに、わたしのいのちは息をさせてくれている――この「ただごと」でないことを、「ただごと」のようにしてわたしを生かしてくれているのが、「大きないのち」なのだと思います。日々あたりまえのように生きて、生活できていること自体が「ただごと」のように見えて、実はただごとでない「奇蹟《きせき》」なのかもしれません。

自分が意識し、意志する以前に、自然の「大きないのち」のはたらきは、わたしの身体の中にはたらいて、わたしを生かしてくれているのです。わたしたちの身体を観察すると、意識的な「自分」以前の「大きないのち」のはたらきをわかりやすく気づかせてくれることが多々あります。

さらにいえば、この自然の「大きないのち」のはたらきによって生かされているわたしの身体は、自分以外のもの、自分の食べた多くのものによってできあがっています。たとえば、わたしたちの主食である米は、イネという植物がつくるものですが、それはイネが、日光、水、空気中の二酸化炭素、土中の養分などを使ってつくったエネルギーによってつくられます。イネはいわば、「地水火風」を取り込んで米をつくっているのであり、それを食べているわたしたちは、「地水火風」を食べているといってもいいでしょう。そういう意味ではわたしたちは、まさに文字通り「宇宙を食べている」のであり、「自分は宇宙によって生かされている」といってもよいと思います。

いのちと調和

わたしが生きているのは、わたしの身体が調和的にはたらいているから、全体としてまとまりをもって動いているからです。もし、わたしの身体を構成するいろんな細胞や諸器官、内臓がそれぞれに調和せず、まとまりなくバラバラにはたらくならば、わたしの小さな生命は即座に失われるでしょう。

ギリシャ語のコスモスとは、「調和」を意味するそうですが、わたしの身体という小宇宙も「調和」してはたらいています。その小宇宙は大宇宙と調和して相互にはたらき合って、いのちを成り立たせているのでしょう。山田さんによれば、このように調和した大宇宙、あるいはその調和を司っている大きな存在を、東洋では昔から「天」とか「自然（じねん）」とか「カミ（神）」などと呼んできたそうです。

わたしたちは、生まれてすぐには周囲の出来事やものについて意識的であるわけではありません。でも無意識、無自覚ではあれ、さまざまのことを体験しています。体験は、わたしたちの意識的な自覚に先立って存在し、それを通してわたしたちの心は形成されるのです。そして、この体験は、世界（社会）の中でなされるがゆえに、自分の心には自分を超えた空間的普遍性（世界）が浸透してはたらいていることになります。

第1章で、赤ちゃんがうんちやおしっこをした時に、親がおしめを替えてやることの意味にふれました。赤ちゃんは、その「よし、よし」というやさしげな声を、心の曙《あけぼの》の薄い光のなかで体験していたはずです。それは、長じた後の言葉でいえば、「安心」を与えるものであったでしょう。その体験が、自分は歓迎されており、世界は脅威にみちたものではなく、安心をもたらしてくれる世界なのだというおぼろげな感覚をわたしの心に根付かせていったはずです。

赤ちゃんのお尻にあてがわれる「おしめ」は、ある一定の世界に共通する普遍的な文化、風習であり、「よし、よし」とその時かけられる言葉は、日本語の言語体系の中では「大丈夫」「かまわないよ」という赦《ゆる》しを意味する言葉でした。こうした一定の普遍性をもった文化を土壌にして、わたしは自分を自分として成立させることができるのです。

わたしたちは、自分の根底にあるこうしたいのちの普遍性を自覚する必要があると思っています。その自覚が失われ、普遍性から切り離された自分（自我＝エゴ）ばかりを意識して、その我欲に駆られて生きているから、不安と焦りで生きることになるのです。

「大きないのち」、普遍なるいのちは、故郷に似ています。「わたしの故郷」という場合、故郷はわたしの所有物ではなく、「わたし」が故郷に所属しているのです。そして、その故郷において「わたし」は育ち、生かされてきたわけです。同様に、「わたしのいのち」というとき、「いのち」はわたしの所有物ではなく、わたしが「いのち」に所属しているのですし、その大きな存在である「いのち」に包まれて在ることを自覚するときに、そこに大きな安心感を覚えることができるでしょう。その意味では、普遍性から切り離された「自我」にしばられる人生は、故郷喪失者（ハイデッガー）のそれといえるのかもしれません。

「わたしのいのちだから、わたしがどうしようと勝手だ」という考え方がありますが、大きないのちの中で自分、「わたし」が生かされていると考えれば、それは誤りだということになるのではないでしょうか。わたしのいのちは、わたしを包み込む「大きないのち」の一部として、この世の自然と社会――それらの歴史を含めて――に生かされています。また、わたしが他者と対話し交流する中で、他者の「わたし」を活性化させる力にもなります。

わたしが「いま・ここ」で、エアコンの効いた部屋で、パソコンに向かい文章を記述できるのは、まさに先人たちのもたらしてくれた科学・技術の進歩のおかげですし、文章を綴ることができるのは、自分を教育してくれた親や師のおかげです。隣の国で戦争になりかねない不幸な争いが起こっているにもかかわらず、わたしが平和に暮らせるのは、わたしの生活の安全を護ってくれている外交や地方自治体のおかげですし、生きがいのある生き方ができているのは、わたしを専門家として活用してくれている世間の人々、わたしの仲間のおかげです。「わたし」は、広い意味での教育によって先人たちから受け継がれてきた時間的普遍性によって存在しているのです。

また、わたしがこの里山の残された地域に住み、散歩の時に田んぼや林や山や池のたたずまいに目を楽しませ、草花や小さな動物や虫に親しみ、心を和ませることができるのも、故郷の風土や文化伝統を守ろうとする心が地域に引き継がれ、それを実践しておられる人々のおかげです。

自分を超えたもの＝脈々と受け継がれる時間的な普遍性の忘却が、今日の自然破壊や心の荒廃などの大きな原因となっているという山田さんの指摘は、わたしには大いに肯《うなず》けます。「わたしのいのちをどうしようとわたしの勝手」という発想は、一部の人々の、「地球は人類のものだから、自分たちがどうしようと勝手である」という傲《ごう》慢《まん》な錯覚と似た考え方でもあるでしょう。地球環境を、一部の人々の利益に合うように変えてしまうことで、結果的に人間が生きられなくなってしまう危険があることは、産業革命以来の温室効果ガスの影響で、温暖化が進み、異常気象、気候危機ともいわれる気候変動が起きていることからも理解できると思います。

生物個体としての「わたし」＝自分は、単細胞生物からの系統発生の歴史をくり返す中で誕生し、先祖からの遺伝子を受け継ぎながら、いのちのリレーに参加している存在です。自分の中に、自分を超えたものがはたらいているというのはそういう意味です。時間的にも空間的にも、自分は「大きないのち」の個別的な統一体（ミクロコスモス）であって、大きないのちから切り離し得ないのです。

同時に、「わたし」はこの世に二人といない、唯一の存在であり、絶対的な独自性を持つ存在であることもまた事実です。わたしの身体は私にしかない特徴を持っており、その指紋、掌紋、声紋、ＤＮＡなどは唯一の存在です。わたしが心の中で感じ、描く世界も、わたし独自のものであり、他の誰かと共有できるものではありません。「わたし」という個体は微細な部分にいたるまで、徹底的にわたしにしかない特徴を持っています。
この章の初めの方で、人間の苦しみの根源は「自我」にあるともいえると述べました。「自我」は、自分というものが持つ普遍性と個別性という二つの側面のうち、個別性に由来するものです。自分を「自我」と同一視して、いのちをその中に閉じ込めようとするのではなく、自我のふるまいを見守る観照者であった方がいいと述べたのは、自分のもう一つの側面——「大きないのち」という側面から自分を捉えるということです。

生きづらさは気の持ちよう次第で乗りこえられるというようなことをいいたいわけではありません。自分というものには本質的に、普遍性と個別性——わたしの言葉でいえば、「大きないのち」とその「分けいのち」——という二つの側面があるのであって、それを理解することで、自分が何に直面し、それをどう理解すべきかが見えてくるということです。

第3章　自分を大切に生きること

自分というものが、「大きないのち」であり、しかも唯一の個人でもあるとして、ではそういうわたしたちが、どのように生きづらさを乗りこえて生きていくかということを考えてみたいと思います。どう生きるにせよ、それは、第2章で述べた、「二つの側面を持った自分」を大切にして生きていくことであるべきでしょうから、問題は、自分を大切に生きるとはどういうことなのかということにもなります。

1 「自分を生きる」こと、他者との関係

「自分」というういのちが、「大宇宙の分けいのち」であるという普遍性・共通性と、「唯一無二のいのち」であるという固有性と二つの面を抱えて存在し生きています。

生命が進化し、人間の脳がつくり出した「自分」という意識を持つ私たちは、大宇宙の「分けいのち」として、「おのずから」生まれた共通性と、唯一無二の「いのち」としての固有性を「みずから」生きる存在なのです。

そのことを肝に据えて「自分」という存在を自覚し生きること、自分とは、誰もが共有する「大きないのち」（サムシング・グレート）からの「分けいのち」であり、誰もが異なる唯一無二の「固有の生命」であること――その認識がとても大事だと思います。「自分があるがままの自分であって大丈夫」という自己肯定感は、そういう生き方をサポートしてくれるはずです。

他の生命とつながりながら、自分自身の生命を生きる。わたしなりに言い換えれば、わたしたち一人ひとりの「自分」は、「大きないのち」あるいは宇宙から与えられた使命を帯びて、一人ひとり独自のいのちを生きているということです。自分のいのちの中には、一人ひとり固有の使命が刻印されています。その使命を果たすことが一人ひとりの自分を生きている理由といえるかもしれません。

凸凹を含め自分の持ち味を生かす

こう考えると、大切なのは誰もが「自分を生きる」ということです。他の誰でもない自分を生きることが、自分の生まれてきた目的であり意味であると思えます。では「自分を生きる」とはどういうことでしょうか？

自分が、固有の「使命」を持っていると述べましたが、何か成し遂げなければいけない事業目標のようなものがあったり、誰かに対して責任を負って果たさなければいけない仕事やテーマが与えられたりしているわけではありません。それは、「使命」という言葉が時にイメージさせる、困難にうち勝って達成する課題のようなものというよりは、もう少し地味ながら大切なこと、あえていえば自分の「持ち味」を出すことといえばいいでしょうか。

「持ち味」の中には長所もあれば、短所もあります。凸凹《でこぼこ》を持ちながら誰もが生きています。それは、一人ひとりが育ってきた歴史の中で、それぞれに形成されてきた人格によっているのです。そういう個々の人格、感性、資質――短所のような問題のある資質も含めて――を大切にすることです。他人のまねをする必要はないし、偉大な誰かのようになろうとする必要もありません。欠点や短所、課題といったものは、自分で向き合って、それをどう考えるか問い、考えていけばいいことです。つまり、自分が、自分の欠点、短所に向き合って、それを乗りこえようと思うのならそうすればいいし、「乗りこえなくたっていい」と思うならそのままでいい。後者であったとしても、やがてそれを乗りこえたいと思う時も来るかもしれません。そういうことも含めて、自分は自分自身であればよいのです。

その意味では、「自分が自分であってこそ、大丈夫」なのです。「自分」にしか生きられない人生を生きること、それが「自分」を大切に生きるということだと思います。それ以外に「自分を大切にして生きる」生き方はありません。

「自分を大切にする」というと、我欲にとらわれわがままにふるまうこと、あるいは利己主義やナルチシズムに走ることと誤解する人がいますが、そうではないのです。むしろそういった「自我」がこだわる世界の対極にこそ、自分を大切にする生き方があります。自分の持ち味を生かして、自分しか生きられない人生を生きること。それが「大きないのち」（サムシング・グレート）から与えられた「分けいのち」の使命なのだと思います。

第2章で、「自我」とは自分というものを社会へ適応させる装置であり、それが時にわたしたちを苦しめるということについて述べました。自分が、その持ち味を生かして生きること、自分を大切にして生きることができれば、仮に苦しいことがあったとしても、その「自我」のもとで自分がどう行動しているのか、少し引いた目で客観的に眺め、苦しみの起源が何なのか、その「自我」に執着して乗りこえるべき苦しみなのか、それともその「自我」に縛られることなく、もっと楽になれる「自我」を見つけるのかといったこともしなやかに考えることができるはずです。つまりそれは、社会適応装置として身にまとっている「自我」よりも、より根源的な自分の持ち味を尊重するということといっていいでしょう。

大宇宙から分けられた「分けいのち」を生きる自分たちの共有する使命は、それぞれが自分を生き、固有の持ち味を生かしあうことによって、互いが互いの「持ち味」を引き立て合い、多様性を持つ花が絢爛《けんらん》豪華な花園をつくるように、あるいは、それぞれの持ち味を調和させ、結びつき、生かしあい、引き立てあって響く地球交響楽のように、「真、善、美」が調和的に開花した文化をつくり上げることではないでしょうか。それこそが、大宇宙の「分けいのち」として三十数億年前に誕生した生命の進化の頂点にたつ人類の、大宇宙から託された使命だと、わたしは考えます。

自分をからっぽにすることで自分らしく

第2章で引用した哲学者の山田邦男さんは、同じ本で「自分と同じ人間は二人といない。その自分にしかないものを発揮、実現することこそ、自分という存在がこの世に生まれてきたことの意味である」と述べています。一人ひとりの持ち味を生かして自分を生きること、自分を大切に生きることに通じる指摘ではないかと思っています。

「自分にしかないものを発揮、実現」とは、自分に常に目を向け、意識過剰になって自分しかないものを探し求めることで実現するというものではないだろうと思います。むしろ、自分を忘れて何かに一生懸命に取り組んでいると、気づいたらそれが実現されていた、というものではないでしょうか。自分を忘れ、夢中になって何かに自分を捧げることで、その人にしかないものが発揮され、実現するものだと思います。「自分は、自分は」と、常に自分に注意を向け自分のことばかりを考えることで、「自分にしかないもの」を実現した人などいるのでしょうか。

たとえば、好きだから無心に折り紙を折る人がいれば、その人は折り紙で名をあげて、ひと儲けしようという我欲を持って折っているわけではないでしょう。ともかく折り紙が好きだ、折り紙はおもしろい、折っていると楽しいといった気持ちで折っている。その先に、その人の持ち味が現実化するはずです。

わたし自身のこれまでと現在

わたしの例で言えば、私は学ぶことが好きで、何かをわかること、何かに気がつくことが喜びで、無心に学び勉強してきました。ある時、その学んだこと、気がついたことを人々に伝えることによって、「(悩みをもたらす)とらわれ」から人々が解放されていくことを手伝おうと思いました。それを仕事にして生きてきました。それがもうすぐ八〇歳になるわたしの人生です。この場合の仕事とは、生活の糧を得ることというよりも、その名の通り「事そのものに仕える」ことと思っています。「事そのものに仕える」ことによって、何か自分の利益になることをめざしたわけではありませんでした。もちろん、そのことで有名になって世間の注目を集めたいとか、社会的な名誉を得たいなどと思ったわけでもありません。

ある意味で、自分をからっぽにして、「事そのものに仕え」てきたことで、わたしらしい人生になったのだなと思います。やや難しくいえば、自己の否定に媒介された、自己の肯定という弁証法的な過程だったようにも見えます。

そんなわたしですが、実はこの本を書いている現在、どのように生きるかという問題に向き合う必要を感じています。わたしは二〇二三年四月、新たに見つかった胃癌《がん》の治療のために、ある病院に入院していました。入院中に強く高い声のトーンで薬を差し出してくださる看護師さんたちの声に馴染めず、もっと落ち着いた声でゆっくりと話してくださいとお願いしていました。

五月のはじめに退院したわたしは、自宅療養に入りました。わたしのリハビリのために、新しく創られた部屋のベッドに横たわり、南側にできたテラスから見ることのできる、自然のなかの緑の庭に心を癒《いや》され、新たな気持ちで日々を送ることができるようになりました。

しかし、わたしの胃に新たにできた癌に負けないように、食事をとり、体力を身につけなくてはなりません。七九歳にまで老いたわたしの腕や脚は枯れ木のように細くなってしまっていました。そんなわたしが癌を抱えて、どのように生きていけばよいのか、悩み迷うところがあるのです。

人生には、上り坂もあれば、下り坂もあるといいます。わたしがいま直面しているのは、「まさか」という坂です。癌があることがわかったとき、「まさか」と思いました。わたしは胃カメラで検査を受けた時、ディスプレイに映し出される自分の胃とそこにある癌を、じっと見つめました。最初「まさか」と思っていたのですが、自分の胃に向き合ってみると、「ああ、今まで酷使してしまって、胃よ、申し訳なかった」という気持ちになり、さらにこれからこの癌を抱えてどう生きていくかということを、自然と考えるようになったのです。

わが家の宗派として浄土真宗に馴染んできたわたしの心は、次に述べるようなイメージを浮かべて、これからの癌を抱えながらの私の行く先を辿《たど》り、見つめています。入院中、看護師さんたちから、薬をたくさんいただいたので、わたしはまず薬師如来《にょらい》を連想いたしました。その薬師如来の浄土は東方にあり、朝日が登る側にあります。だから、薬師如来のお浄土の方に入れば、薬師如来から薬をいただき、元気で健康な人間になり、上り坂を登ることができるでしょう。

しかし、西方の阿弥陀《あみだ》如来の浄土まで行けば、空を赤く染めながら、夕陽のように沈んでいくことができるでしょう。そうして慈悲深い阿弥陀如来さまに迎え容れていただけるでしょう。

このように、この老人の未来を思い描いているのです。これはあくまでイメージですが、ただ、どっちに行ったものか、正直にいうと迷っている自分がいます。いずれにしても今は、今後この老体のわたしが、どのように動くのか、まずはわたしの現在いる拠点となっている、このわたしの部屋とテラスを居場所にして考えつつ、英気を養わなければなりません。

そして、どのように生きるにせよ、わたしは、この世の平和のために、そして人の心の平和のために、自分にできることをし続けていきたいと思っています。いま、こうしている時にも、ウクライナをはじめ世界中で、多くの罪なき人が命を奪われ、あるいは安全を脅かされています。また、本書の第1章でもふれたように、人間が「人材」にさせられてしまう社会によって、多くの人々、子どもたちが、生きづらい人生を強いられています。人間らしく生きられないこうした社会のありようは、しかし、人間がつくり出しているものですから、人間の力によって変えられるはずです。いのちある限り、そのために努力する——自分の持ち味を生かす・自分を大切にする道は、わたしの場合、そういうものだと思っています。

人は歳を重ねても、このようにして自分と向き合っていく必要があるのだなと、いま、身にしみて感じているところです。

内山興正さんの教え

ご存じの方もいると思いますが、わたしは二二歳の時、京都の安泰寺で接心《せっしん》（絶え間ない座禅による修行）をしたことがあり、そのお寺には内山興正《こうしょう》さんというたいへん偉い老師がおられました。内山老師は、人が生きていることについて、①（生命としての）自分は必ず死ぬ、②自分の人生は自分にしか生きられない、③（生命を持って）生きる自分はすべてとつながっている、という三つの事実を、誰も否定できない絶対的事実としてあげておられます。

わたしなりに言い換えれば、人間はすべて、自己っきりの世界を持って生まれ、自己っきりの世界を生き、自己っきりの世界を持って死ぬのだということです。とくに恵まれた才能があるとか、何か特別な偉業をなしとげたとかでなくても、一人ひとりが生きている世界は、固有の世界です。そのことを自覚して自分の世界、自分の人生を愛おしみながら生きるのか、我欲に舞い上がって生きるのかで、その人生は大きく違ったものになるでしょう。世間相場の「もの足りなさ」に駆り立てられて、金や力や名誉や地位を追い求めて生きるなら、その人の唯一性、独自性は見失われてゆくでしょう。

誰も他人の人生を生きることはできず、唯一無二の自己を生きる以外、生きるということはできません。そういう意味では「生きる」ことは掛け値なしの自己責任ともいえます。もちろん、自分を大切にし、他者をケアしながら自分の人生を肯定して生きていくという意味にほかなりません。世間に流布されている、競争主義的な自己責任論の、おそらくそれは対極にあるものだと思います。

2　ケアする動物として他者に向き合う

思いやり（慈悲）の心の大切さ

「自分を生きる」際、他人との関係をどう考えるべきでしょうか。たびたび述べてきたように、人間は他者とともに生きる動物ですから、他者との関係の持ち方によって自分の心持ちも大きく変わります。

たとえば、人からほめられたり、評価されたりするということは、一般的にいってうれしいことです。しかしそれを、自己愛の欲を満たし続けるために追い求めることは、他者との関係をつくるうえで問題をもたらすかもしれません。それは、甘いアメを他人にねだるようなもので、他者を人として尊重するのではなく、自己満足のために利用する、つまりは自分が他人に対する思いやりのない人間になる危険性をはらんでいます。

思いやり（仏教文化のゆかしい言葉を使えば「慈悲」の心です）は相手の苦しみを的確に認識し、その苦しみを共有することです。その心を持てば、苦しみをやわらげたい、助けたいというやさしさの感情を向けたくなります。また人を思いやることによって、あなたは弱さという人間に共通した特性をよく知ることができるようにもなるでしょう。自分の中にもそのような弱さがあることを知る、その弱さは何によるものかを考えるといったことは、あなたに豊かな人間性をもたらすものでもあります。

思いやりの心は苦しみを喜びに変える力を持ってもいます。残念ながら、現代の強欲な資本主義社会のシステムや文化は、他者との競争に勝つことが大きな価値とされ、わたしたちをそれに向けて煽《あお》っていますので、思いやりの心を大切にしない傾向があります。

その競争に自分を適応させることに執着すれば、自然と、競争の中で自分や他人がどんな地点にいるのかにこだわらざるを得ません。多くの人が、他人と比べて「できない自分」を「ダメな奴」だと裁き、厳しく批判し、否定します。そんなふうに自分を否定する心は、人間関係を築く上で障害になるでしょう。自分より「上」の相手には卑屈になり、自分より「下」の相手には傲慢《ごうまん》になるのではないでしょうか。

自分に対し愛情深く

自分を裁き、否定する人は、どうしても他人に対してもきびしくなります。他人とよい関係を築くためには、まず「自分自身と仲良くし、よい関係を築くこと」です。それは、自分の長所も短所も、あるいは弱いところも自覚した上で。「自分はあるがままの自分であって大丈夫」という自己肯定感を育むことです。そのためには、自分に対する深い愛情を持った他者とともに生きることも大事です。

そして、苦しい時、自分に対して「つらいなあ」「悲しいなあ」と思いやりの心を持って、愛情深く接してやることも大事です。親しい他人に向かってそうするように、「つらい気持ちがわかるよ」と思いやりの気持ちを込めて、心の中で語りかけてみてください。自分が愛おしく感じられるはずです。自分に対してオキシトシン（愛と結びつきのホルモン）の分泌を引き起こすのだと思います。自分で自分に「よし、よし」するのです。「できない」自分に対して世間相場のモノサシで自分を裁き、否定したり、責めたり、嫌ったりするのでなく、「かわいそうに、つらい時間をすごしているんだね」と自分の気持ちに思いやりを持って接することです。

「おとながそんなアホくさいことができるか」と考える人もいらっしゃるでしょう。どちらかといえば男性がそう考えがちです。そういう方には第1章でふれた赤ちゃんへの声がけについて思い出していただきたいのです。赤ちゃんのおしめを替える時「オシッコしたか、よし、よし。いま替えてやるからな、よし、よし」と自然に声をかけるという話です。「自分への思いやりなんてあほくさい」と考える人も、かつて、あの「よし、よし」で安心をもらっていたはずです。その安心を生きることの土台にして、いまは「おとなヅラ」ができるようになりました。偉そうなことを言ったり、他人にきついことをいったりしていますが、そういう人も、誰かにケアされて、安心を得、守られて生きてきたからこそ、いまいろんなことをいったりしたりできているのです。

いまのおとなが生きている社会は、そういう人間が生きる土台になるような安心を掘り崩しながらつくられています。その中で私たちに苦しみが生じているのは、生きる土台が奪われているからではないでしょうか。それは危険な状態です。あほらしいと思ったとしても、苦しいのであれば、その生きる土台を取り戻すための努力、工夫をした方がいいと思います。

赤ちゃんのおしめ替えは典型的な例ですが、そのように他者をケアすることが、人が生きる土台を築いているということは、もっと広く認識されてしかるべきだと思います。第2章で、人間は「ケアする動物」だと述べました。本来、生きもの、特に哺乳類はケアの本能をもっています。それなしには種の生存がかなわないのです。やさしさ、愛情で互いのつながりを感じる力が生きものの特質であり、人間もその仲間です。思いやりとは、ケアの土台になる感性といっていいものです。その意味で、他人への思いやりの心は、生きていく上で、食料と同等に必要なものです。わたしたちはいま、食料を得るために忙しく一生懸命働いていますが、いつの間にか、思いやりと慈悲の心を忘れたり、なくしたりしています。

先ほど、思いやりは慈悲の心だといいましたが、仏教でいう慈悲とは、何よりも「ともに苦しむこと」を意味しています。自分が苦しい場合、まず自分自身が、「自分とともに」苦しんでやらないといけません。自分の苦しみを嫌がり、拒否するのではなく、厄介事《やっかいごと》を抱えた子どもを嫌がり拒否するのではなく、「苦しいか、よし、よし、つらいなあ、でもわたしが一緒にいるから大丈夫だよ」と苦しみをともにしてやることです。

いま、親や私たちおとなは、子どもになかなかそのように接してやれていないのではないでしょうか。「お腹が痛い」といえば、正露丸を飲みなさい、「頭が痛い」といえば、バファリンを飲みなさい、「お腹も頭も痛い」といえば、医者に行きなさい、で済ませてしまっていないでしょうか。自分自身が痛んでいる子どものそばにいて、さすってやったり、手当をしたりし、「よし、よし」とともに苦しんでやれていないのではないでしょうか。

物理的にも心理的にもその余裕がないのだと思います。自分自身に対してはなおさらそうです。自分は自分にとって一番大事で身近な存在なのに。

ボクの人生――[illegible]

ボクの人生は筋書き通[illegible]ないなって全然思っちゃいない。そんなことできるわけない。[illegible]目標が決まっていて、そこに到達するために、効率的な道を選んで自分の人生を因果関係で必然化する。そんな窮屈な生き方なんかまっぴらごめんだ。

そんな生き方をしてきたとはまったく思わない。ボクは「自分は誰だろうか?」という問いにとりつかれて、その答えを得たいという思いに導かれて生きてきたところはある。でも、それだっていい加減なもので、効率的、必然的にその答えに辿《たど》り着く道なんてあるわけでもない。

それよりもなぜ、オレは「自分は誰だろうか?」という問いにとりつかれたのだろうか。なぜ、オレは「自分は誰だろうか?」という問いにとりつかれる男になったのだろうか? その謎を解きたいのだ。そのようになった、それなりに「必然的な」生い立ちがあったのではないか? これが自分に対する強い問いである。

つまり、「自分は誰だろうか?」という問いへの答えも得られればいいとは思うが、得られるかどうかはわからない。それよりもなぜ、そんな問いにとりつかれる男になったのか、その答えとなるストーリーを知りたいと思っている。

ボクはある目標に向かって精密機械のように進んでいくストーリーは描かなかった。ボクが自分の人生に劇的な筋書きを期待していたかといえば、そんな覚えはない。むしろ、自分の人生に、いろんな料理が出てくる宴会にも似たようなことを期待していたところがある。

つまり、人生を味わいたかった。人生の醍醐味《だいごみ》を味わいたいと思っていた。人生を旅に譬《たと》えるのがぴったりだと思っていた。いろんな景色や人々との出会いを楽しむ、そういう人生を生きたいと思っていたように思う。だから、その出会いの中で、自分というものがわかってくるのではないかということを期待していたようなところがある。

出会いによって、いろんな自分が引き出される。全然知らなかった自分、何か懐かしいような自分、ああ、おまえだったのか、ボクが求めていたボクは、と思えるような自分に出会いたかったように思う。何か偉業や成果を達成するということは、あまり望んではいなかったような気がする。

二〇二三年七月

高垣忠一郎

高垣忠一郎（たかがき・ちゅういちろう）
心理臨床家。1944 年高知県生まれ。1968 年京都大学教育学部卒業。専攻は臨床心理学。京都大学助手、大阪電気通信大学教授、立命館大学大学院教授などを歴任（2014 年３月退職）。登校拒否・不登校問題全国連絡会世話人代表。
主な著書に、『生きることと自己肯定感』『競争社会に向き合う自己肯定感』『揺れつ戻りつ思春期の峠』『登校拒否を生きる』『生きづらい時代と自己肯定感』『つい「がんばりすぎてしまう」あなたへ』『自己肯定感を抱きしめて』『悩む心に寄り添う』（いずれも新日本出版社）、『自己肯定感って、なんやろう？』（かもがわ出版）、『癌を抱えてガンガーへ』（三学出版）など。

生《い》きづらいあなたへ カウンセラーからの伝言《でんごん》——「自分《じぶん》」とは何《なに》か

2023 年 9 月 20 日　初　版

著　者　高　垣　忠一郎
発行者　角　田　真　己

郵便番号　151-0051　東京都渋谷区千駄ヶ谷 4-25-6
発行所　株式会社　新日本出版社
電話　03（3423）8402（営業）
03（3423）9323（編集）
info@shinnihon-net.co.jp
www.shinnihon-net.co.jp
振替番号　00130-0-13681
印刷・製本　光陽メディア

落丁・乱丁がありましたらおとりかえいたします。

JASRAC 出 2305982-301
ISBN978-4-406-06766-9 C0095　Printed in Japan

好評既刊！　高垣忠一郎の本

悩む心に寄り添う——自己否定感と自己肯定感

人々はなぜ自分を否定するのか、心理臨床の豊かな経験をふまえ、ひきこもりや登校拒否などをはじめ現代人の心の問題に向き合う。

本体1700円

自己肯定感を抱きしめて——命はかくも愛おしい

「あなたはどういう物語を生きていますか」と相談者に向き合う著者が、いのち、人間、社会を語った言葉の数々をフォトエッセイに。

本体1500円

つい「がんばりすぎてしまう」あなたへ

——自分のこころを見つめなおすために

日本にあふれる「がんばり屋さん」。その心の中で何が起きているのか。「仮想カウンセリング」を読むと思いあたるフシのある人も？

本体1700円